改訂増補版

やさしい聖書学

Bible study

聖書の成り立ちと各書解説

Umemoto Kenji
梅本憲二

光言社

再刊に当たって

本書の再刊（改訂増補版）のため準備している間に、統一運動の創始者、文鮮明師の聖和《ソンファ》（ご逝去）と、それに続く天一国（神の国）の摂理的出発を告げる基元節を経験することになった。光栄にも、この二つの歴史的な式典に参列させていただく恵みを得たが、いよいよ統一運動も第二段階に入ってきたといえる。

それは正に、真の父母様を中心に、これまで築かれた歴史的な勝利を実体的に展開していくことにほかならない。そのような流れの中にあって、本書の再刊が、その一助になればと願っている。

ところで、本書には意図的にキリスト教で使われている〝用語に触れ〟、また〝習慣に言及〟しているる部分がある。それは、本書が統一運動とキリスト教との仲介的使命をも果たせればとの願いからきているもので、若干煩わしいと思われる方もあるかもしれないが、その点、了解いただければと思う。

再刊に当たって、旧版を全面的に見直し、大幅な補筆を行ったので、内容は一新され、一層読みやすく充実したものになった。本書の姉妹編『日本と世界のやさしいキリスト教史』(改訂増補版)と併せて読んでいただければ幸いである。

二〇一四年八月

著者

はじめに

聖書を学ぶことにより、我々はそこから多くの霊的恩恵を受けるが、それはまた神に召された義人や預言者たち、とりわけ無形なる神ご自身が人類救済のため流された血と汗と涙の跡を訪ねることでもある。

ところで、統一運動に長い間籍を置き、常々聖書に親しんでいる人でも、案外、聖書の学びは断片的なものに終わっている場合が多い。しかしながら、聖書を総合的に理解し、またその成立の時代的、歴史的、また地理的背景にまで学びを進めてみると、今まで以上に聖書が身近なものになり、その一ページ一ページがリアルな響きをもって我々に迫ってくるようになる。

そういう意味で、本書が読者と聖書との距離を縮めることに役立ち、またそれを通して少しでも統一運動の進展に貢献できれば幸いである。

さてここで、筆者なりの聖書通読の勧めをしておきたい。

言うまでもなく聖書は、一冊の筋の通った書物ではないので初めから順序よく読んでいくには若干根気が必要とされる。そこで聖書を一冊の歴史書と見立て、まず神の人類救済史を追いかけるような形で読んでみるのである。そうすれば、物語を読むような感覚で読み進めることができる。

具体的には、まず旧約聖書の創世記からエステル記までを読み（ただし、レビ記、申命記、歴代志上下は除く）、最後にマラキ書を読んで旧約時代を締めくくる。続いて新約聖書のマタイによる福音書、使徒行伝、ローマ人への手紙を読み、最後に神の救いの歴史の完成としてのヨハネの黙示録を読んで、ひとまず終えるのである。これでおおまかな神の救いの歴史がつかめるので、あとはこれを補完するような形で、旧約の残した書物（ただし、詩文書と呼ばれるヨブ記から雅歌までは除く）を読み、続いて新約の残した書物を読み、最後に旧約の詩文書を読んで完結するのである。

なお、お勧めしたいのは聖書を読む時、赤いボールペンを用意しておき、何か感じたり思ったりした部分にはどんどん線を引き、印を付け、またその内容を余白に書き込んでおくことである。そうしておけば、あとで読み返すときなど何かと便利である——統一運動の創始者、文鮮明師も日本留学時代、韓国語と日本語と英語の三つの聖書を並べ、ページが真っ赤になるくらい線を引いて読んでおられたと伝えられている——。
ところでこの種の書物は、全ての教派に共通するような表現は至難の業であるので、本書は便宜上プロテスタント教会に視座を置いた形で論述を展開している。また本書における聖句は、全て日本聖書協会発行、一九五五年改訳の旧約聖書、一九五四年改訳の新約聖書、いわゆる口語訳聖書から引用している。

なお今後新しく聖書を求めようとされる方には、『口語訳引照付聖書』を推奨しておきたい。この版の聖書は、聖句間の関連性を知るのに便利な「引照」が付けられている。例えば新約聖書の中で旧約聖書からの引用があるが、それが旧約聖書のどの部分からの引用かが一目で分かるようになっている。また、同じ新約聖書の中でも、それに関連する聖句が他の書物のどこにあるかが分かるようになっている。その上この版の聖書は各ページの左右にメモ用の余白が設けられていて、書き込むのにも便利である。実は少し俗的な言い方をすれば、この版の聖書はプロ（教職者など）が愛用する聖書で、少しでも人前でみ言《ことば》を語る立場にある人なら、ぜひ一冊持っていてほしい聖書である。筆者もこの道に来るとき、職場の同僚たちが何かプレゼントをしたいというので、この版の革表紙の聖書を贈ってもらったが、何十年もたった今でも愛用している。

また、ついでに紹介しておきたいのは、聖書にある何らかの語句が、聖書のどこにあるかが分かる『聖書語句引き辞典』（コンコルダンス）である。よくあることであるが、聖句を知っていてもそれがどこにあるのか分からないときがある。そのようなとき、その聖句の中の何か一つ特徴的な語句を選び、この辞典を使ってそれがどこにあるかを調べれば、目的の場所にたどり着ける。これなども伝道者としてそろえておきたいものの一つといえる。

なお、一層聖書の内容を研究してみたいと思われる方は、いろいろな聖書注解書（コメンタリー）が出版されているので、それらを参考にされることをお勧めする。

一九八七年三月

著者

やさしい聖書学＊目次

第一部　旧約聖書

第二部　新約聖書

目次

ハバクク書／ハバクク書／ハバクク
ゼパニヤ書／ゼパニヤ書／ゼパニヤ
ハガイ書／ハガイ書／ハガイ
ゼカリヤ書／ゼカリヤ書／ゼカリヤ
マラキ書／マラキ書／マラキ

<新約>

マタイによる福音書／マタイ福音書／マタイ
マルコによる福音書／マルコ福音書／マルコ
ルカによる福音書／ルカ福音書／ルカ
ヨハネによる福音書／ヨハネ福音書／ヨハネ
使徒行伝／使徒行伝／行伝
ローマ人への手紙／ロマ書／ロマ
コリント人への第一の手紙／第一コリント書／第一コリント
コリント人への第二の手紙／第二コリント書／第二コリント
ガラテヤ人への手紙／ガラテヤ書／ガラテヤ
エペソ人への手紙／エペソ書／エペソ
ピリピ人への手紙／ピリピ書／ピリピ
コロサイ人への手紙／コロサイ書／コロサイ
テサロニケ人への第一の手紙／第一テサロニケ書／第一テサロニケ
テサロニケ人への第二の手紙／第二テサロニケ書／第二テサロニケ
テモテへの第一の手紙／第一テモテ書／第一テモテ
テモテへの第二の手紙／第二テモテ書／第二テモテ
テトスへの手紙／テトス書／テトス
ピレモンへの手紙／ピレモン書／ピレモン
ヘブル人への手紙／ヘブル書／ヘブル
ヤコブの手紙／ヤコブ書／ヤコブ
ペテロの第一の手紙／第一ペテロ書／第一ペテロ
ペテロの第二の手紙／第二ペテロ書／第二ペテロ
ヨハネの第一の手紙／第一ヨハネ書／第一ヨハネ
ヨハネの第二の手紙／第二ヨハネ書／第二ヨハネ
ヨハネの第三の手紙／第三ヨハネ書／第三ヨハネ
ユダの手紙／ユダ書／ユダ
ヨハネの黙示録／黙示録／黙

凡　例：書名略語表

正式名／略称／引用句表記

＜旧約＞

創世記／創世記／創
出エジプト記／出エジプト記／出
レビ記／レビ記／レビ
民数記／民数記／民
申命記／申命記／申
ヨシュア記／ヨシュア記／ヨシュア
士師記／士師記／士
ルツ記／ルツ記／ルツ
サムエル記上下／サムエル上下／サムエル上下
列王紀上下／列王上下／列王上下
歴代志上下／歴代上下／歴代上下
エズラ記／エズラ書／エズラ
ネヘミヤ記／ネヘミヤ書／ネヘミヤ
エステル記／エステル書／エステル
ヨブ記／ヨブ記／ヨブ
詩篇／詩篇／詩
箴言／箴言／箴
伝道の書／伝道の書／伝
雅歌／雅歌／雅
イザヤ書／イザヤ書／イザヤ
エレミヤ書／エレミヤ書／エレミヤ
哀歌／哀歌／哀
エゼキエル書／エゼキエル書／エゼキエル
ダニエル書／ダニエル書／ダニエル
ホセア書／ホセア書／ホセア
ヨエル書／ヨエル書／ヨエル
アモス書／アモス書／アモス
オバデヤ書／オバデヤ書／オバデヤ
ヨナ書／ヨナ書／ヨナ
ミカ書／ミカ書／ミカ
ナホム書／ナホム書／ナホム

シナイ・カナン（パレスチナ） 概略地図

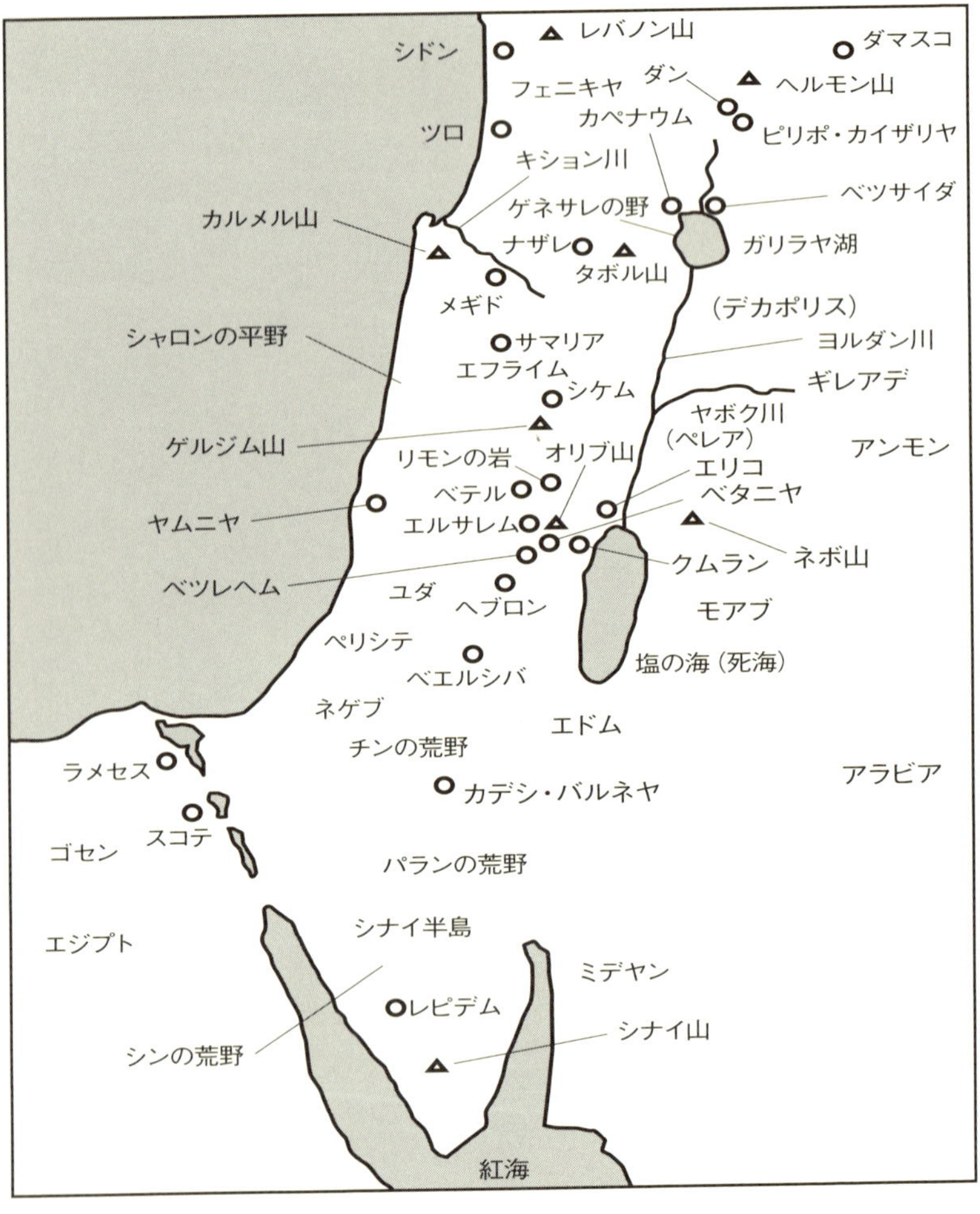

序　聖書概論

1　正典としての聖書

聖書とは何かといえば、それはまずキリスト教の「正典（教典）」ということになる。正典は英語では〝キャノン（Canon）〟といわれるが、これはギリシャ語の〝カノーン〟からきたもので、「まっすぐな竿《さお》または棒」を意味し、転じて「定規」を意味する。このことから分かるように、正典とは信仰生活の基準となる〝ものさし〟、すなわち規範となるものである。

ところで聖書は、英語でバイブル（Bible）と呼ばれるが、これはギリシャ語の〝本〟を意味する〝ビブリオン（biblion）〟（紙の材料であるパピルスの茎の髄を意味する〝ビブロス〟から派生した言葉）からきたものである。普通これに定冠詞のtheを付けThe Bibleとすることで、神の言《ことば》が記された特定の本を意味し、いわゆる我々の知っている〝聖書〟を意味する。

2　契約書としての聖書

聖書は、旧約聖書（the Old Testament）と新約聖書（the New Testament）からできている。ここでの「旧約」の〝約〟、また「新約」の〝約〟は、〝約束〟または〝契約〟の〝約〟を意味しており、英語の〝testament〟も本来は〝遺言〟の意味であるが、遺言は死ぬ者とあとに残る者との一種の契約であって、同様の意味を含んでいる。すなわち聖書は、神と人との間に交わされた〝契約書〟としての意味をもっている。我々日本人にとっては、いきなり神との契約などといわれても戸惑ってしまうが、聖書の成立した古代オリエントの社会では、契約という概念が生活上大きな意味をもつ社会であったことを考慮すると理解しやすい。

それでは、神と人間との間の契約とはどのような契約なのであろうか。それは一口に言えば〝救い〟に関する契約なのである。「旧約」とは、〝古い救いに関する契約〟であって、アブラハムやモーセを通じて、ヤハウェの神とイスラエル民族との間に立てられたものである。その内容は、ヤハウェがイスラエル民族を守り、導き、繁栄に至らせる代わりに、イスラエルの民はヤハウェの専属の民（選民）となり、ヤハウェを信奉してその教え（律法）を守る、というものである。一方「新約」とは、〝新しい救いに関する契約〟であって、イエス・キリストが仲保者となり、神と人類との間に立てられたものである。その内容は、キリスト教ではキリストによる救いを信じるならば、神により罪が赦《ゆる》され、〝永遠の命〟が与えられ、神の国に入れるというものである。

3　啓示の書としての聖書と聖書批評学

さて、聖書は神の霊感を受けて書かれたものとされる（第二テモテ三・一六）。言い換えれば聖書は、神の言《ことば》（メッセージ）が書かれている書物であり、いわゆる〝啓示の書〟なのである。この聖書のもつ啓示性については、今日まで様々な見解が出されてきた。一番保守的な見解は、聖書の一言一句、場合によっては句読点までも神の霊感によって書かれたとするもので、いわゆる逐語《ちくご》霊感説《れいかんせつ》といわれるものである。これは根本主義的聖書観ということができる。

ところが近代に入り啓蒙思想の発展とともに、このような聖書に対する考え方に対し理性の目が向けられるようになった。すなわち聖書批評学（Biblical Criticism）と呼ばれるものである。ここでの〝批評〟という意味は、いわゆる出来栄えの是非を批評するというような意味でなく、それまで神の言として無条件に信じてきた聖書を、理性の目で歴史学的、科学的、文献学的に検証しようという試みである。

それには二つの方法があるが、その一つは「下層批評」（Lower Criticism）と呼ばれるものである。これは何かといえば、今日我々が持っている聖書は、写本をもとにしたものであるが、そこには写し間違いや後世の加筆などがあると考えられる。そこでそれらを越え考古学的努力によってできるだけ原典に近づこうとする試みがこれである。これに対しもう一つの方法は「上層批評」（Upper Criticism）と呼ばれるもので、これは聖書本文の内容にまで学問的検討を加えようとするものである。

この聖書批評学はキリスト教界に対し、良きにつけ悪しきにつけ大きな影響を与えずにはおかなかった。というのは聖書批評学、特に上層批評の研究が進むにつれ、聖書の中に多くの矛盾が指摘されるようになったからである。そのような流れの中から聖書の啓示性が否定され、聖書を単なる宗教体験の書とする考え方が出てきた。これは逐語霊感説とは極をなす考え方で、自由主義的聖書観とでもいうべきものである。

ところでその後、新正統主義と呼ばれる神学が出てくるに及んで、逐語霊感説に基づく根本主義的聖書観と神の啓示性を否定する自由主義的聖書観とを止揚《しよう》する形の聖書観が主流を占めるようになった。この聖書観を便宜上、新正統主義的聖書観と呼ぶことにする。この考え方によれば、聖書は神の啓示的出来事を聖霊に導かれつつも人間が記録したもの、ということになる。したがって聖書は啓示性をもつ書物であるが、しかしあくまで人間の手によって書かれたものである以上、人間的誤謬《ごびゅう》も避けられないというのである。この考え方は、聖書の背後にある啓示性を認めながらも、聖書批評学の成果をも受け入れ、それにより一層聖書をリアルに理解しようとする。新正統主義にとっては、聖書は啓示そのものではなく、啓示的事実について書かれた人間の書物であって、真の啓示の実体は〝啓示的事実〟であり、また神のみ言の実体としての〝キリスト〟そのものなのである――これをもっと徹底させたのが統一運動の「実体み言」という考え方といえる――。ともあれ、現代のキリスト教は、おおむねこの新正統主義的聖書観の上に立っているといえる。

なお、現代に入り聖書の批評学的研究の一つの方法として〝様式史的研究（Form Criticism）〟――ドイツの神学者グンケル、ディベリウス、ブルトマンらにより開拓され提唱された――が出てきた。これは聖書の各部分における文章の様式の違いなどから、それらの基となった種々の伝承をあぶり出し、それらの伝承を生み出した環境（生活の座）やそれらが編集されてきた過程を研究することによって、より聖書への理解を深めようとするものである。この方法は、聖書の文字に焦点を置いてきたそれまでの批評学的研究に対し、研究の対象を聖書の記事が成立してきた歴史的背景にまで広げようとする試みといえる。――ただしこの流れは、伝承の成立過程などを研究する中で、その背後にある啓示的出来事の歴史性（史的イエス）が薄らいでしまう傾向があるとして問題視される一面をもっている。

以上が、聖書はどんな特質をもった書物かという概論的説明である。なお、プロテスタント教会における聖書は、旧約三十九巻、新約二十七巻、合計六十六巻から成っているが、旧約聖書および新約聖書の正典を決定するに当たり、その選考からもれた周辺の書物が多数存在する。それらは、外典《がいてん》（アポクリファ）（ただし旧約聖書の外典の大部分は、カトリック教会では「第二正典」とされている）・偽典《ぎてん》（旧約聖書の正典や外典に含まれない周辺の文書。新約聖書には外典のみで偽典はない）と呼ばれる特定の書物群で、これらの書物は正典として扱われないが、旧約・新約聖書の理解のための有効な参考文献とされている。

第一部 旧約聖書

第1章　旧約聖書の成り立ち

1　旧約聖書の構成

本来旧約聖書は、ユダヤ教の教典であって「旧約聖書」という名称は、キリスト教徒が「新約聖書」に対して付けた名称である。ユダヤ教の教典に対してこのような呼び方が初めて現れてくるのは第二コリント書三章一四節で、そこには「古い契約」という言葉が使われている。さて、現在、我々が使用している旧約聖書は全部で三十九巻の書物から成っているが、実はそれらは次のように四つの分野に分けられ配列されている。

（1）律法（モーセ五書）

創世記・出エジプト記・レビ記・民数記・申命記

（2）歴史書

ヨシュア記・士師記・ルツ記・サムエル記上下・列王紀上下・歴代志上下・エズラ記・

ネヘミヤ記・エステル記

（3）詩文書（文学書）

ヨブ記・詩篇・箴言・伝道の書・雅歌

（4）預言書

イザヤ書・エレミヤ書・哀歌・エゼキエル書・ダニエル書・ホセア書・ヨエル書・アモス書・オバデヤ書・ヨナ書・ミカ書・ナホム書・ハバクク書・ゼパニヤ書・ハガイ書・ゼカリヤ書・マラキ書

最初の〝律法〟と呼ばれる創世記から申命記までの五つの書物が〝モーセ五書〟とも呼ばれるのは、これらの書物が従来モーセの書いたものと信じられてきたからである。ところでここに見られる各書の配列順序は、「七十人訳ギリシャ語聖書」（以下「七十人訳聖書」と略す）と呼ばれる旧約聖書に基づいて配列されている。七十人訳聖書は、エジプトのアレキサンドリヤ（地中海に面する都市）に居留していたラビ（ユダヤ教の教師）たちが、BC三世紀中頃から百年ぐらいの期間に、ユダヤ教の教典（ほとんどがヘブライ語で書かれたもの）を収集し、当時の公用語であったギリシャ語（コイネー）に翻訳するとともに、一つの教典としてまとめたものである。七十人訳というのは、この翻訳のため七十二人の学者が携わったとされるところからきたもので、この聖書は別名「セプトゥアギンタ」（ラテン語で七十の意）と呼ばれるのもそのためである。
ところでこの七十人訳聖書ができた頃、本国ユダヤでは正典の編集（成立）はどうなっていたかといえば、七十人訳聖書に含まれている中核的な書物（後述するが「律法」や「預言者」）は既に正典的扱いを受けていたが、それ以外の書物はまだ正典としての扱いを受けていなかった。しかしながらＡＤ七〇年ユダヤがローマとの戦争に破れると、彼らはにわかに民族離散の運命にさらされるようになった。その結果、彼らも民族統合の中心的役割を担うものとして、ユダヤ教正典の最終編集を急がざるを得なくなったのである。そこで九〇年頃、エルサレムの西方、地中海沿岸地方の小さな町ヤムニヤにラビたちが集まり、正典編集の会議がもたれた。これがヤムニヤ・ラビ会議といわれるもので、この会議を通して成立したのが今日ユダヤ教の正典とされているヘブライ語原典（ヘブライ語正典）である。

このようにヘブライ語原典は、七十人訳聖書とは別の流れで編集され成立したので、七十人訳聖書とは文書の配列順序が異なっているだけではなく、前述したごとく七十人訳聖書には含まれていたがヘブライ語原典には入れられなかった文書も出てきた。これらヘブライ語原典には入れられなかった文書やまたそれらに準じる周辺の文書は、旧約外典《きゅうやくがいてん》、偽典《ぎてん》と呼ばれ、今日我々はそれらを有効な参考文献として所有している。なおこのヘブライ語原典成立により七十人訳聖書はユダヤ教正統派から退けられることになった。
さてユダヤ教のヘブライ語原典は、次に示すように、収録されている書物はキリスト教の旧約聖書と同じであるが、書物の分類方法や配列順序が異なっており、全体が三つの分野に分けられ、また巻数は十二の倍数の二十四巻からなるよう編集されている。これらの書物は、エズラ記やダニエル書などのほんの一部にアラム語が使われている以外、すべてヘブライ語で書かれている。

第一部　律法（トーラー）
創世記・出エジプト記・レビ記・民数記・申命記

第二部　預言者（ネビーイーム）
「前預言者」ヨシュア記・士師記・サムエル記上下・列王紀上下
「後預言者」イザヤ書・エレミヤ書・エゼキエル書・十二小預言書（ホセア書・ヨエル書・アモス書・オバデヤ書・ヨナ書・ミカ書・ナホム書・ハバクク書・ゼパニヤ書・ハガイ書・ゼカリヤ書・マラキ書）

第三部　諸書（ケスービーム）
詩篇・箴言・ヨブ記・雅歌・ルツ記・哀歌・伝道の書・エステル記・ダニエル

書・エズラ記・ネヘミヤ記・歴代志上下

したがって、今日キリスト教（プロテスタント教会）が使用している旧約聖書は、内容の選択はヘブライ語原典に基づいたものであるが、配列順序は七十人訳聖書に基づいたものであるということができる。

なお、今日カトリック教会が使っている旧約聖書（ウルガタ旧約の部ラテン語訳）は、内容の選択も配列順序も――若干の差異はあるものの――七十人訳聖書に基づいたもので、その中には七十人訳聖書にはあるがプロテスタント教会では旧約外典としている書物（トビト書、マカバイ書、バルク書など七書と正典の追加部分）も含まれている。

2　旧約聖書の成立

旧約聖書の各書が成立してきた歴史的背景についてはあとで詳しく述べるが、ここでは現行旧約聖書（ヘブライ語原典）がどのような過程を経て正典として成立してきたかを概観しておきたい。

ヘブライ語原典は三つの部分からできていることは既に述べたが、実はそれはそのままヘブライ語原典が正典として成立してきた順序を示している。ヘブライ民族が、民族の故郷メソポタミヤから持ち出したと思われる古い伝承や、またその後得た歴史的（啓示的）伝承は、初め口から口に伝えられる口伝《くでん》という形で分散的また断片的に伝えられてきたと考えられる。このような資料が集められ、まとまった文書として成立してくるのは南北王朝分立時代中期（BC九―八世紀）である。この時代は国家的な危機の時代であり、それらの文書は、国家の起源や伝統を正すことにより、国民の宗教的国家的意識を高める必要から生まれてきたものであった。

その後、それらの文書は一度統合され編集されたあと、捕囚（バビロン）の地に持ち込まれたが、捕囚の最後か捕囚後すぐの段階（BC四五〇年前後）で最終編集され、現行ヘブライ語原典の根幹の部分、第一部「律法」（モーセ五書）となった。その後二百五十年くらいかけて第二部「預言者」に属する文書が収集され、BC二〇〇年頃にはこれらの書物も正典的扱いを受けるようになった。その後百年くらいかけ第三部「諸書」に属するような書物が収集され正典的扱いを受けるようになったが、それらの中から最終的に選ばれ第三部「諸書」として、第一部「律法」、第二部「預言者」と共に正典として認められたのがAD九〇年頃もたれたヤムニヤ・ラビ会議であったのである。（当時は今日のような印刷技術も製本技術もなかったので、正典が成立したといっても一冊の本になったわけではなく、正典として選ばれ順序立てられたということであって、各書は手書きの単独の巻物として存在していた）。

なお、今日我々が所有しているヘブライ語原典は全て写本によるもので、初めに書かれた書物は既に喪失している。現在最も古い写本は、部分的ではあるが死海のほとりクムランの洞穴から発見されたもので――「死海文書」と呼ばれ、現在イスラエルの博物館に収められている――ＢＣ一五〇〇年ぐらいのものである。また全文の写本は、一〇〇九年エジプトのカイロで写本されたもので、現在サンクトペテルブルクの国立図書館に保管されている。

第2章　旧約聖書成立の歴史的背景

1　メソポタミヤ時代

我々は〝イスラエル民族〟という名称はよく知っているが、イスラエル民族がどこから来たのかという問題になると案外知らない。イスラエル民族の源流を探ってみると、それはメソポタミヤ平原に起源をもっている。旧約聖書にはイスラエル民族の祖アブラハム（アブラム）は、父テラ、妻サラ（サライ）、甥《おい》ロトらと共にカルデヤのウルから出てきたと記されている（創一一・三一）。このカルデヤとは今日のメソポタミヤ地方であり、ウルはその当時、そこにおける中心的な都市であった。

メソポタミヤではBC五〇〇〇年頃から既に農耕文明が始まったが、BC四〇〇〇年頃から文明が開け始め、BC二八〇〇年頃には民族系統不明のシュメール人により都市国家が建設された。ウルはその当時建設された都市である。

ＢＣ二〇〇〇年頃になってこの地方にセム系のアモリ人が現れ、シュメール人と入れ替わって国家を建設した。これが古代バビロニヤであって、有名なハムラビ王はこの時代の王である。アブラハムが父テラとウルを出発したのはちょうどこの頃で、実はこのアモリ人の流れをくむアラム人の中から分かれて出てきた民族がイスラエル民族なのである。最近の考古学の発達に伴い、その当時のバビロニヤの発掘がなされているが、そこから掘り出されてくる粘土板を解読すると、そこにはアブラハムやラバン、ベニヤミンといった聖書に出てくる人名がたくさん見いだされる。メソポタミヤこそイスラエル民族の父祖アブラハムの故郷であった。

2　族長時代

さてＢＣ二〇〇〇年頃、すなわちバビロニヤが王国を建設した頃、その末端にいたアモリ人の流れをくむアラム人は、その圧政から逃れるためであろうか移住を開始した。これがいわゆるアラム移住団といわれるもので、この移住団の中にアブラハムも父テラと共に加わっていたのである。この移住団は族長が最大の権力をもつ社会で、アブラハムやイサク、ヤコブなどは全てこういう社会を背景とした族長であった。

彼らは故郷を出るとき「エル」と呼ばれる神への信仰と、またエルにまつわる啓示的伝承も一緒に持って出てきた。その伝承の中には、創世記の「エデンの園の物語」や「ノアの箱舟の物語」などの原型となるものが含まれていたと思われる。事実、メソポタミアの古代都市の遺跡から発掘される粘土板からは「ノアの箱舟」とよく似た物語（『ギルガメシュ叙事詩』一一章洪水物語＝一八七二年、ジョージ・スミスがニネベで発掘されたくさび形文字粘土板を解読中、その中で発見した叙事詩。そこには神の示しにより箱舟を作り大洪水から救われた男の話などが収録されていた）などが発見される。

アブラハムらは父テラと共に北西に移動しハランに寄留した。その後アブラハムは神の召命を受け（創一二・一）、そこから南下してカナン（今のパレスチナ地方）に向かった。アブラハムがハランを出たのは七十五歳の時である。アブラハムやその従者がアラム移住団から別れ、ヘブル人としてカナンに定着したのはＢＣ一九〇〇～一八〇〇年頃で、初めは原住民との摩擦を避けるためヨルダン川の西方にあるシケムや死海の西方にあるヘブロンなどの山岳地帯に住んだ。ヘブル人のヘブルとは文字どおり「越える・越えてきた者」という意味をもっている。

その後、アブラハムは妻サラとの間にイサクを得、イサクには双生児のエサウとヤコブが生まれた。そしてヤコブから十二人の息子たちが生まれたが、その子孫がイスラエル人（民族）

となったのである。ところでイサクには、父アブラハムとエジプト人で妻サラのつかえめハガルとの間に生まれた異母兄弟イシマエルがいたが、彼の子孫が今日のアラブ人（民族）となった。

３　エジプト時代

イスラエル民族の先祖は、このようにしてカナンに定着したが、ＢＣ一七〇〇年頃ヤコブの息子ヨセフが先導役となり、その一部がエジプトに移住する。これとともに旧約聖書の舞台もエジプトに移った。

さてエジプトではＢＣ五〇〇〇年頃には統一国家（第一王朝）ができたが、第一王朝は象形文字を作り、第四王朝はピラミッドを建て、第十二王朝は壮大な大建築を誇った。ところがＢＣ一七〇〇年頃、第十三王朝になって北方よりセム系のヒクソス族が侵略を始め、第十四王朝の時代にはエジプトに定着、そして第十五、十六王朝はヒクソスによる王朝となったのである。

ところで創世記（三七章）には、ヤコブの子ヨセフが兄弟たちの反感を買い、エジプトに売り飛ばされる話が出てくる。実はちょうどその頃のエジプトは、前述のヒクソスの支配の時代であった。売り飛ばされたヨセフは神の導きによりエジプトの宰相にまでなるが、神の導きとはいえヨセフがなぜ異国の地で宰相にまでなり得たのかといえば、実はこの時の王はヒクソスでありヨセフと同じセム系の民族であったからである。ヨセフは、父ヤコブ、兄弟そして親族をカナンからエジプトに呼び寄せたが、彼らはエジプトの東側ゴセンの地に住んだ。

ところがその後ヒクソスは力を失い、第十七王朝はエジプト人の手で開かれ、第十八王朝の時代（BC一五〇〇年頃）にはヒクソスはエジプト人により完全に追放されてしまった。政権交代後の第十八、十九王朝の頃は、エジプト人にとっては繁栄を取り戻す国家再建の時であったが、一方イスラエル民族は立場が逆転し、異民族としてエジプトの国家再建のため徹底的にこき使われる立場に立たされた。特に第十九王朝のラメセス二世は、自分の都ラメセスを建設するためイスラエル民族を酷使したとされる。

このようにして聖書にあるイスラエル民族苦役の預言（創一五・一三）は現実のものとなり、イスラエル民族は、その苦役の中から神に解放者を叫び求めることになったのである。

4　出エジプト・荒野時代

さて、旧約聖書の一つのクライマックスともいうべき出エジプトとその主人公モーセの物語はここから展開する。

モーセは、神の不思議な導きにより奴隷の身分でありながら宮中で育つことになったが、のちに宮中を出てミデヤンの地に身を寄せた。そして彼は、神の山、シナイ山（ホレブ山）で決定的な神体験をするのである。神は柴《しば》の燃える炎の中からモーセに語りかけ、エジプトで苦しんでいる同胞を救い出す使命を彼に授けた。

そこでモーセは、神から協力者として与えられた兄アロンと共にエジプトに行き、パロの前に三大奇跡と十災禍を行い、最終的にエジプトの王パロにイスラエルの民の解放を認めさせるのである。そしてイスラエル民族の出エジプトは劇的に敢行された。その日、神は紅海を裂いてイスラエルの民を渡らせ、追跡してきたエジプトの軍隊を海中に溺れさせた。またその後の荒野では、神はマナとうずらをもって彼らを養い、昼は雲の柱、夜は火の柱をもって彼らを〝乳と蜜の流れる地〟カナン（出三・八）に導いたのである。

さてイスラエルの民はエジプトを出たあと、モーセに率いられシナイの山に登ったが、そこでエジプトから救い出された経験をもとに、神ヤハウェとの間に契約を立てた。それは、これよりのち、イスラエルの民はヤハウェの民となり、ヤハウェを信奉し、ヤハウェの律法を守って生きていく代わりにヤハウェは彼らを守り導き、繁栄に至らせるというものであった。しかしながらその後、イスラエルの民は荒野で困難に出遭うと、すぐにも不平不満をあらわにしてはモーセとアロンを悩ませ、神を怒らせてしまうのである。

さて彼らは目的の地カナンに近づいたが、帰ってきた偵察隊からそこに住む原住民の様子を聞いておじけづいてしまう。そして「わたしたちはひとりのかしらを立てて、エジプトに帰ろう」(民一四・四)とまで言い出したのであった。その結果イスラエルの民は神の怒りを買い、四十年間の荒野生活を言い渡されることになった。

5　カナン侵入・士師時代

四十年の荒野生活が終わりに近づいた頃、イスラエルの民たちはカナンに近いモアブの地にいた。出エジプト以来彼らを率いてきたモーセは、そこにあるピスガの山頂から目的の地を望み見ながらも、その地で死んでいった(申三四・一～五)。

モーセに代わって立てられたのが、ヨシュアである。イスラエルの民がカナンの地に入るにはその中に住む原住民と戦わねばならない。しかしこの時イスラエル民族にとって幸運だったのは、ちょうどその頃南のエジプトも北のヒッタイトも勢力が衰え、彼らは大国の干渉を受けずに侵入できたことである。カナンの要衝の町エリコの城壁は、ヨシュアを中心に勇ましく進むイスラエルの民の前にもろくも崩れ落ちた。その後、彼らは次々とカナンの地を攻略し――実際はヨシュア記に書かれているほど簡単ではなかったと考えられている――、そこで得た土地を部族間で分割した。

彼らがカナン入りを果たしたあと、ヨシュアはイスラエルの全部族をシケム（ヨルダン川西方の高地）に集め、今後イスラエルの民はヤハウェに仕えて団結すべきことを改めて要請した（ヨシュア記二四・一）。これに対し民たちはこれを受け入れたので、ここにイスラエル民族は宗教的基盤の上に大同団結することになった。この頃から「イスラエル」という名称は、ヘブライ民族の上に定着してきたのである。このイスラエルという名称は、ヤコブが天使と組み打ちして勝ったとき、天使から与えられたもので（創三二・二八）、〝神の戦士〟を意味する。また、「イシャラー（勝つ者）」と「エル（神）」からなる複合名詞として「神の勝者」と解する説もある。

さてカナン入りしたあと、イスラエルの民を治めたのは、士師といわれる人たちである。彼らは軍人兼、宗教家兼、裁判官といった万能型の指導者であった。実はカナン侵入後もイスラエルの民には内外両面の戦いが残されていた。外的な戦いは、周囲の異民族の圧迫から自己を守る戦いであった。イスラエルの民はカナン侵入には成功したものの、その後も敵対する勢力、いわゆる〝カナン七族〟（申七・一、ヨシュア三・一〇）に代表される諸民族に常に取り囲まれていたのである。彼らは隙を見ては攻め込んできてイスラエルの民を苦しめたのであった。

一方、内的な戦いはカナンの土着の宗教であるバアル（農業神）やアシタロテ（女神）――中には自分の子供を焼いて偶像（モレク）に捧げる宗教もあった（レビ記一八・二一）――から自らの宗教的伝統を守る戦いであった。荒野を彷徨《ほうこう》してきたイスラエルの民にとって、カナンの発達した農耕文化は極めて魅力的なものであった。そしてそれに影響されるということは、そこでの農耕文化と密接に関係している土着宗教の影響を受けることを意味したのである。

このような内外の敵を前に、ヤハウェの神は必然的に闘争の神とならざるを得なくなった。士師たちは万軍の主ヤハウェと共に、外敵を追い払いつつ、一方では異教の影響から民を守りヤハウェ信仰を堅持させる、という戦いを続けながら国家的な基盤を整えていったのである。

6　統一王国時代

民族的な力の充実とともに、イスラエル民族は国家を形成するようになった。その初代の王となったのがサウルである。彼はアンモン人に対してはよく戦ったが、ペリシテ人に対しては苦戦を強いられた。そういう彼のもとで名を上げていったのがダビデである。その後サウルはダビデへの嫉妬に燃えていたが、ペリシテ人との戦いで死んでいった。（サムエル上三一・四）。

二代目の王として立ったのがダビデである。彼は部下ウリヤの妻バテシバとの問題が指摘されるが、総じて良く国を治め、晩年を全うしたのでイスラエル国家の名君とされ、民族の英雄として尊敬されるようになった。そこから、国が滅んだあとの時代ではダビデの栄光の時代を取り戻すのが救世主＝メシヤだとされ、メシヤはダビデの位に立ち、ダビデの若枝として、ダビデの故郷ベツレヘムで生まれると信じられるようになる。ダビデはＢＣ一〇〇〇年ユダ族の王となり、ＢＣ九九四年全イスラエルの王となった。彼の若い頃の武勇伝としてペリシテ人の巨人ゴリアテとの戦いが有名である（サムエル上一七）。また彼とサウル王の子、ヨナタンとの男の友情が美しい（サムエル上二〇）。

ＢＣ九六一年ダビデの死後、その子ソロモンが王となった。彼は父ダビデの立てた基盤の上に確実に国威を高揚し、イスラエルに最高の繁栄をもたらした。彼は七年かけ神殿を建設し、十三年かけて王宮を建てた。しかしながら晩年彼は千人もの女性を抱え込み、特に外国の女性を愛したので、それらの女性から異教が流れ込み国は乱れた。そしてＢＣ九二二年、彼の死とともにイスラエルの国は完全に二つに分かれてしまうのである。サウルから三代、百年近くで統一王国時代は終わりを告げることになった。

7 南北王朝分立時代

ソロモンが死んだあと、彼の子レハベアムが王位に就いた。ところが、これに対し北部の十部族が反発し、従おうとしなかった。彼らに言わせればダビデ以来ユダ族が王位を独占し、勝手気ままに政治を行うことには承服できないというのである。実はこのような事態に至った背景には次のような事情があった。というのは、ソロモン時代の栄耀《えいよう》栄華の裏では神殿建設や王宮建設、その他、様々な国家的な事業を遂行するため、イスラエルの民は多くの犠牲を強いられていたのである。例えばソロモンは、神殿建設の建材としてレバノンから木材を切り出すため三万人、石を切り出すため八万人、それらを運ぶため七万人もの人々を徴用している（列王上五・一三〜一五）。それらの労苦や負担に対する不満が、ソロモンの死を機に一気に噴き出てきた形となったのである。彼らは、亡命先のエジプトから帰還した元ソロモンの家来ヤラベアムを先頭に立て、負担の軽減を迫った。ところが新しく王になったレハベアムはこれを一蹴したため（列王上一二・一四〜一五）、話し合いは決裂、ついに北部十部族はヤラベアムを王とし、シケムに首都を置いて――その後、首都はテルザを経てサマリヤに移された――、独立（ＢＣ九二二）してしまったのである。この時南部ユダ族のほうには小部族のベニヤミン族だけがついた。これによりイスラエルの国は、北朝イスラエル（北部の指導的部族の名前を取ってしばしばエフライムとも呼ばれる）と、南朝ユダによる南北王朝分立時代に入っていく。この時、北朝の王ヤラベアムは、自国の民心が神殿のある南朝に傾くことを恐れ、国内に金の子牛の像を造り、これがヤハウェの像だとして民に拝ませるが（上一二・二八）、これらのことが北朝に異教を入り込ませる一つの隙をつくったともいえるであろう。

　さてこの分裂した両国が反目を始めると、ＢＣ九一七年、隙をうかがっていたエジプトの王シシャクがすぐさまエルサレムを攻め、ソロモンの財宝を奪うという事件が起こる。それでも南北は争いをやめなかった。その後、北朝六代目の王オムリは北方の防備を固めるため、北に隣接する異教の国フェニキヤと結び、息子アハブを同国の王女イゼベルと結婚させたが、その結果北朝に異教（バアル信仰）が公然と入ってくることになった。

8　預言者の活躍と北朝の滅亡

北朝におけるこのような背信と混乱の中で、ついにヤハウェの預言者たちが活動を開始する。BC八五〇年頃になって、まずエリヤとその弟子エリシャが北朝に現れた。彼らは異教の神バアルと闘い、ヤハウェ信仰を回復して、その後の預言者運動の模範となった。その後BC八〇〇年から七五〇年頃にかけては両国ともしばらく平穏な時代が続き、物質的な繁栄を見るようになるが、その結果国民の関心は外的なものに向かい、背後では両国とも異教の氾濫と精神的な頽廃《たいはい》が進行した。

BC七五〇年頃になるとニネベに首都を置く大国アッシリヤが台頭し始め、北朝を脅かすようになる。その結果北朝内部では、親アッシリヤと反アッシリヤの政権が次々と交代する不安定な時代が続き、国力は低下していった。このような北朝の亡国的兆しの中で立ち上がった預言者がアモスとホセアである。アモスは貧しい農夫であり羊飼いの出身であったが、北イスラエルに神の裁きが迫っていることを説き、北朝の滅亡を大胆に預言した。一方ホセアは妻に裏切られたという独自の体験から、イスラエルの神への裏切りを説き、今からでも遅くないから神に帰れと叫んだ。しかしイスラエルの民は彼らに耳を貸そうとはしなかった。

さてアッシリヤの勢力が増大する中、アッシリヤと国境を接するシリヤは危険を感じ、近隣の弱小国に反アッシリヤ同盟を呼びかけた。北朝（エフライム）の王ペカはこれに加わったが、南朝の王アハズはこれを拒否し、反対に親アッシリヤ的政策をとった。その結果ＢＣ七三四年、シリヤ・エフライム同盟軍が南朝に攻め寄せてきたが（シリヤ・エフライム戦争）、彼らは南朝を落とすまでには至らなかった。

一方南朝では、シリヤとエフライムが攻めてくる少し前から預言者イザヤが活動を開始していた。彼はシリヤとエフライムが攻めてきた時、南朝の王アハズに彼らを恐れず神にのみ頼れと説いたが（イザヤ書七・一～）、王はアッシリヤに貢ぎ物を贈り救援を求めた（列王記下一六・七～八）。その結果アッシリヤが行動を開始、ＢＣ七三二年シリヤに侵入してこれを滅ぼし、また北朝をアッシリヤの属国にしてしまった。このとき北朝では親アッシリヤ派のホセアがペカを殺し王位に就いた。このような北朝における亡国的運命を見ながら、南朝で信仰の覚醒を叫んで活動したのが預言者イザヤであり、またそれに続いて活動したミカであった。イザヤは信仰の刷新を迫って「神の聖」を強調するとともに、このままでは南北両朝とも滅亡の道を行くと預言した。続くミカも南北の滅亡を鋭く警告した。

このような背景下、北朝の王ホセアは、アッシリヤの王の死亡を機にエジプトと組み、反アッシリヤ政策をとったが、アッシリヤはこれを怒って攻め、ホセアを捕縛するとともに三年かけて北イスラエルの首都サマリヤを陥落させた。BC七二一年、ここに北朝は滅亡しアッシリヤの一つの州とされてしまった。これとともに北朝の民は――主に指導者層であったが――捕囚となってアッシリヤに連れていかれたが、その後再び彼らは帰ってこなかった(十部族の消滅)。北朝がアッシリヤの一つの州となったのち、そこに外国人が移住させられてきた。そして指導者のいない状況下、残った民たちと外国人との間に通婚が生じ、徐々に北朝の民たちはイスラエル民族としての特質(アイデンティティー)を失っていったのである。この人たちは、バビロンの捕囚が終わりユダヤの国が再建されたあと、ユダヤの人たちからサマリヤ人と呼ばれ、異邦人とされた。

9 単立王国時代と南朝ユダの滅亡

さて北朝が滅亡する少し前、南朝ではアハズが死んでその子ヒゼキヤが王となったが(BC七二六)、彼はのちのヨシヤに並ぶ善王であった。ヒゼキヤは王になるや国内の異教を排斥し、ヤハウェ信仰を復興させるとともに、国土を整備して国力の増強に努めた。しかしながらその後、マナセ、アモンと二代続けて悪王が出て異教を復活させたのでヤハウェ信仰が見失われ国が乱れた。そのような流れの中で、ＢＣ六四〇年アモンのあとに即位したヨシヤは名君であった。彼の治世下ＢＣ六二二年、律法を記した新しい巻物が神殿の中から発見されたが、彼はその中に記されている内容に従い大々的な宗教改革を展開するのである。実は今日我々が持っている旧約聖書の申命記は、その時に発見された巻物が中心的に集録されたものなのである――これにちなんでヨシヤ王の行った改革は「申命記改革」と呼ばれる――。

　さて、この頃にはアッシリヤの勢力は衰え、ＢＣ六一二年、首都ニネベは当時台頭してきた新バビロニヤの同盟軍により陥落させられる。これを見てエジプト軍がアッシリヤを助け新バビロニヤの覇権をたたこうと北上してきたが、その通り道となったのが南ユダであった。ヨシヤはこれを制するため軍を率いてエジプト軍と戦うが、惜しくもそこで戦死（ＢＣ六〇九）してしまう。その結果彼の宗教改革は半ばで挫折し、民は再び堕落の道に引き込まれていくことになった。

　この頃、南ユダに現れた預言者にナホム、ゼパニヤ、エレミヤ、ハバククなどがいる。特にこの中でもエレミヤはその働きの偉大さと、息の長い預言者生活のゆえに代表的な預言者の一人に数えられる。彼は南朝の滅亡とバビロニヤによる捕囚を大胆に預言（警告）するとともに、迫害を受けながらも南朝滅亡の時まで粘り強く預言活動を展開した。一方ナホムは、アッシリヤの首都ニネベの滅亡を預言し、ゼパニヤはユダと世界への徹底した神の審判を告げて有名である。またハバククは名君ヨシヤの戦死に対し、神はなぜ義人を殺すのかと苦悶《くもん》して神義論（後述するが、義なる神と不義なる現実との矛盾を問う神学）の預言者となった。

＊

さて北上してきたエジプト軍とバビロニヤ軍は、ＢＣ六〇五年、シリヤの北方カルケミシで一大決戦を行い、バビロニヤが勝利して近東の覇権を握るとともに、その首都バビロンは近東の中心都市となった。このような状況下、エレミヤは神の示しを受け、バビロニヤの台頭（脅威）は不信に陥った南ユダを懲らしめ覚醒を促すため神が送ってきたもので、不信を悔い改めバビロニヤに降伏することが南朝存続の唯一の道であることを叫んだ。しかし王や民は悟らず、敵に降伏を迫るエレミヤは売国奴とされ迫害の道を歩んだ。

ところでヨシヤ王の死後、その子エホアハズが王となったが、わずか数カ月後にエジプトの介入により彼に代わって親エジプト派の兄エホヤキムが王となった。しかしその後カルケミシでエジプトが破れ近東一帯がバビロニヤの覇権の及ぶところとなると、エホヤキムも三年ばかりバビロニヤに隷属した。

しかしながらエレミヤの強い警告にもかかわらず、エホヤキムはその後エジプトの力を頼んで反バビロニヤ政策を取ろうとする。これを見たバビロニヤは行動を開始し、BC五九八年、エルサレムはバビロニヤの王ネブカデネザルの家来たちにより包囲されてしまった。同年包囲される中、エホヤキムは死にその子のエホヤキンが王になったが、その三カ月後にネブカデネザルが自ら来襲する。結果、王は降伏、国は属国とされ、王と民の一部はバビロンに捕囚となって連れていかれた（第一次バビロン）。

さてエホヤキンがバビロンに連れていかれたあと、エホヤキンの叔父ゼデキヤが王となった。ところが彼もまたエレミヤの忠告（エレミヤ三八・一七〜一八）に従わず、エジプトと組んでバビロニヤに背いたので、ネブカデネザルは大軍を率いてエルサレムを包囲、ついにBC五八七年、不落の都と信じられたエルサレムは陥落する。ゼデキヤは一旦脱走するが、捕まえられ目の前で自分の子を殺され、本人は目をえぐりとられバビロンに連行された。また同時に都エルサレムは徹底的に破壊され、中心的な民はほとんど捕囚となって連れ去られてしまった（第二次バビロン捕囚）。この時神殿も消失（列王下二五・九）、ダビデの王統が約四百年近く続いた南朝ユダもついに滅亡するのである。その後BC五八三年、バビロニヤはさらに残っている民に対して捕囚（第三次バビロン捕囚）を行ったので、ユダとその都エルサレムの面影は全く失われてしまった。

10　バビロン捕囚時代

さてバビロンに捕囚された人たちはどうであったのであろうか。実は彼らは捕囚の身ながら比較的自由な生活が許されていた。彼らは捕囚の地でも自分たちの宗教を維持でき、またその地で自分たちの苦難の意味も考えることができたのである。

捕囚の初期の頃は、その地で召命を受けた預言者エゼキエルの働きが大きかった。エレミヤは国家滅亡の時まで神の言《ことば》を叫び続けた預言者であったが、エゼキエルは捕囚された民をその地で教えるために立てられた預言者であった。彼は第一次捕囚のときバビロンに移されたと考えられ、エルサレム陥落直前（BC五九三年）に捕囚の地で神の召命を受け活動を開始した。彼はエルサレム陥落まではユダの不信を攻めたが、陥落後は失望と混乱の中にある民たちに励ましと希望を与え、よく彼らの信仰を導いた。

さて捕囚の末期、すなわちBC五四〇年頃になって捕囚の地に無名ではあるが偉大な一人の預言者が現れる。この預言者は後世の学者たちにより第二イザヤと命名された預言者で、彼の預言はイザヤ書後半（四〇～五五章）に収録されている。彼はユダヤ人の苦難は神の裁きの結果であるとするそれまでの預言者の考え方にとどまらず、その苦難を積極的な意味で捉えようとする。すなわち彼は、イスラエルの民の苦難は諸国が本来受けるべきものを身代わりに受けているもので、その結果諸国に神の救いが及ぶのであると説いた。このような考え方は「悩める僕《しもべ》の歌」（イザヤ五三・一～一二など）として彼の預言の中に結実し、それが代理贖《しょくざい》罪による人類救済というメシヤ思想へと発展していくのである。

このように苦難というものを代理贖罪という形で捉え、また救いというものを単なる民族的な次元を超え全人類という普遍的な次元で捉える彼の考え方は、それ以前のユダヤ民族にはなかった革命的な考え方であり、またメシヤ思想であった。彼は、全人類の贖罪のために苦悩する「悩める僕」としてイスラエルを捉え、そしてその中に新しいメシヤ像を見たのである。そういう意味で第二イザヤは、本格的な意味でのメシヤ像を我々に教えてくれた最初の預言者であった。

また一方捕囚の最終段階になって（BC四五〇年頃）、捕囚の地に新しい宗教運動が興り、祭司色の強い一つの資料――祭司資料またはP資料と呼ばれる――が成立する。その後、捕囚の終わり頃か帰還後の初期の頃、それまでに作られてきたモーセ五書の根幹となった諸文書に、この資料が加えられそれぞれらが最終的に編集された。そのようにして成立してきたのが今日我々の見るモーセ五書なのである。

11　ユダヤ民族の帰還とペルシャ時代

ＢＣ五三九年、ペルシャ王クロスが新バビロニヤの首都バビロンを占領し、ペルシャ帝国の時代となった。クロスは征服した民族に対し寛大な政策をとったが、この流れの中で翌年、捕囚されていたユダヤ人も帰国が許されることになった。

故郷に帰って来た彼らは、ダビデの血統を引くゼルバベル――彼は総督の立場を与えられて帰ってきた――を政治的指導者とし、大祭司ヨシュアを宗教的指導者として神殿再建に取りかかった。いろいろ曲折はあったが、ＢＣ五一五年、神殿（第二神殿）は完成し、民たちはその神殿を中心に国家再建の道を歩み出したのである。この頃民を激励しながら国家再建に尽くした預言者にハガイ、ゼカリヤ、第三イザヤ、マラキなどがいた。第三イザヤは、ＢＣ五〇〇年頃に出た無名の預言者で、イザヤ書の最後の部分（五六～六六章）に彼の預言が収録されている。

ＢＣ四五〇年以後になって、政治家のネヘミヤや律法学者のエズラが帰還してエルサレムの復興運動に加わった。ネヘミヤは、ユダヤ――捕囚ののち、ユダの地はこのように呼ばれるようになった――の総督としてペルシャから派遣された形で帰還したが、良く民を治めた。またエズラは捕囚の地から律法を持ち帰り、これを民に示して彼らに神への従順を迫ったが、民はこれを受け入れ、ここに今日まで続くユダヤ教の出発がなされたのである。

ネヘミヤとエズラは律法に沿って思い切った宗教改革を断行した。そこでは律法や祭儀が重んじられ、民族主義的傾向が増すとともに、一方では排他的傾向が著しくなった。ＢＣ四四五年には首都エルサレムの城壁の修築が終わったが、それとともに一層宗教的な規範の整備とその遵守が徹底され、外国人との結婚も禁止されることになった。

さてこのようにして、捕囚の苦悩や他国での生活を経験したのちに成立してきたユダヤ教は、それまでのものと比べ、その内容は発展し結実してきた。新バビロニヤやペルシャという世界的な帝国の下にあって、信仰的な視野は宇宙的な次元に拡大され、また度重なる不幸はその信仰に深い精神性を与える結果となったのである。そしてこの頃までに、モーセ五書に続く旧約聖書の骨格を形成する文書が成立してきたのであった。なおこの時代に成立しのちに旧約聖書に加えられた文書のうち、一部に「反抗の文学」ともいわれるべきものがある。それらはこの時代があまりにも国粋主義的また排他的になったため、その反動または補止として生まれてきたものと考えられている。ルツ記やヨナ書がそれで、その中では異邦人が寛大に取り扱われ、異邦人にも神の救いや愛の臨むことが記されている。

12　ギリシャ時代

捕囚から帰還したユダヤ人は、初めペルシャの属国的立場に置かれていたが、その後ペルシャが衰亡し代わってアレキサンダー大王のギリシャの時代になると、彼らはギリシャの支配下に置かれることになった。その後、BC三二三年アレキサンダー大王が死ぬと、ギリシャ世界はエジプトを支配するプトレマイオス王朝とシリヤを支配するセレウコス王朝に分裂する。その結果ユダヤは両者の戦場となり、BC一九八年まではエジプト側に、それ以後はシリヤ側の支配下に置かれた。この間ユダヤ人は支配される国は代わったが同じヘレニズム文化の国であったため、長い間ヘレニズム文化の影響下に置かれることになった。

しかしながら、彼らは外的にはヘレニズム文化の影響を受けたが、内的には自分たちの信仰をしっかり持ち続け、一方ではユダヤ教の会堂（シナゴーグ）制度を発達させた。この会堂制度はもともと捕囚の地で神殿を失ったユダヤ人が、自分たちの信仰を保つために始めた集会であるが、そこでは安息日の厳守、聖典の朗読、祈祷、割礼などが守られた。

また一方この時代には、ユダヤ教の中に多くの流派が生まれた。その中の代表的なものはサドカイ派とパリサイ派である。サドカイ派はエルサレムの上級祭司や中央の支配者が中心で、教義は保守的であったが生活はギリシャの影響を受けヘレニズム的であった。一方、パリサイ派は律法学者や地方の下級祭司が中心で、律法を誠実に守り（敬虔《けいけん》主義）、サドカイ派のような世俗的なギリシャ化を排斥した。彼らパリサイ派の信仰は熱心ではあったが、一方また教条主義に陥る危険性をもっていた。

13　ハスモン王朝とその崩壊

ＢＣ一七五年に即位したセレウコス（シリヤ）の王アンティオコス四世は、国家的統制を強めるためギリシャ化政策を推し進めるとともに、極端なユダヤ人弾圧政策――例えば割礼や安息日を守ることを禁じ、またエルサレムの神殿にユダヤ人が最も嫌う豚を捧げることなどを行った――をとった。ＢＣ一六七、これに耐えかねた一地方の祭司ハスモン家のマッタテヤが、五人の息子と共に同志を集め反旗を翻し立ち上がった。

その後この反乱の指揮は、マカベヤのユダと呼ばれた息子やその弟たちに引き継がれていく。

ユダは軍事的天才で、巧みにゲリラ隊を指揮し鎮圧に出てきたシリヤ軍を苦しめた。反乱は民衆の支持を得て拡大、ついにＢＣ一六四年反乱軍は首都エルサレム奪還に成功する。その後も戦いは継続され、ＢＣ一四二年反乱軍はついに国家的独立を勝ち取るに至った。ハスモン王朝の成立である。

ハスモン王朝は、女王アレクサンドラ（位ＢＣ七六〜六七）の時代に絶頂期を迎えたが、その後王位継承問題を巡り国内は混乱する。最終的にその解決をローマに頼ったが、その結果、ＢＣ六三年ローマの将軍ポンペイウスは調停を名目にエルサレムに入り、これを占領してしまった。ここに独立国家としてのユダヤの国は百年足らずで終わりを告げ、属国としてローマの支配下に置かれることになった。

旧約聖書は、このハスモン王朝時代までに、最も遅い時期に成立した文書をも含め全ての文書が出そろい、今日の形を取るようになった。

第3章　旧約聖書における考古学上の発見

十九世紀に入り考古学の研究は飛躍的に発展したが、このような動きは聖書の研究の世界にも大きな影響を与えた。それまでは聖書の研究といえば聖書の本文だけに頼っていたが、考古学の発展とともに、聖書の記事の背景にも光が当てられるようになったのである。その結果、我々の聖書に関する理解は飛躍的に深まった。以下に旧約聖書に関する考古学上の発見の中のいくつかを取り上げてみる。

1　くさび形文字の解読

メソポタミヤ平原といえばアブラハムがウルを出発するまでの聖書の舞台であり、またのちにはイスラエル民族が捕囚となって移り住むことになったアッシリヤやバビロニヤもこの平原を基盤とする国家であった。したがってこの地方の文化や歴史を理解することは、旧約聖書の背景を理解する上で大きな助けとなる。

さて、この地方の古代遺跡を発掘すると、いわゆるくさび形文字の書かれた粘土板が多数出てくる。このくさび形文字の解読に生涯をかけて研究し、その道を開いたのはヘンリー・ローリンソンである。彼はイギリスの軍人で、一八三三年ペルシャに派遣されたが、そこのベヒスタンにある巨大な岸壁に何か分からない絵や三種類からなる文字の書かれているのを発見した。彼は数カ月がかりで、まず二種類の文字を写し取ったが、その後一八四四年に残りの一種類も写し取った。この三種類の文字は、古代ペルシャ語とエラム語とバビロニヤ語（くさび形文字）であったが、彼は長年の努力の末、まず古代ペルシャ語の解読に成功し、それに続いてバビロニヤ語の解読にも成功したのである。その結果、その岩の絵と文字はBC五一六年ペルシャ王ダリヨスが自分の戦勝を記念して彫ったものであることが分かった。

このようにしてくさび形文字の解読は、聖書の背景をなすメソポタミヤ文明の多くの謎を解く端緒《たんしょ》となり、その後の聖書の研究に大きく貢献することになったのである。

2　ニネベの発掘

ニネベは北朝イスラエルを滅ぼしたアッシリヤの都で、旧約聖書にもこの町の名前はたびたび出てくる。ニネベはＢＣ七〇五年に首都となり、ＢＣ六一二年新バビロニヤに滅ぼされた。この町の遺跡は一八二〇年以来イギリスを中心とした欧州の学者たちにより発掘されてきたが、その中で注目すべき発見の一つは、一八五二年イギリスのホルムズド・ラッサムによるアシュールバニパル王（位ＢＣ六六九〜六三一）の図書館跡の発見である。そこからは三万点に上る粘土板の破片が出土したが、大英博物館の手により解読作業が行われた結果、聖書学界をあっと驚かす内容が明らかになったのである。そこには聖書の創世記に出てくるノアの箱舟の物語に非常によく似た物語（前出『ギルガメシュ叙事詩』）が書かれていたのであった。

3　ジグラトと洪水の跡の発見

アブラハムの故郷ウルの発掘は、イギリスのレナード・ウーリーにより一九二七年から始められたが、その中の大発見の一つはジグラトの発見である。ジグラトは、ＢＣ二〇〇〇年頃メソポタミヤ地方の都市に信仰の対象として建てられた高い塔で、その中でもバビロンのジグラトが、バベルの塔の物語成立の背景をなしたものと考えられている。

ウルの発掘の中でもう一つ大きな発見は、大洪水跡の発見である。一九二九年、発掘が進むうち新しい粘土層にぶつかってしまった。もうこれで終わりと思われたが念のため小さな穴を掘ってみると二、三メートル下からまた別の地層が現れ、多くの出土品が出てきたのである。いろいろ検討した結果、この粘土の層は大洪水の跡で、ＢＣ三二〇〇年頃のものであることが判明した。その後、この地域の複数の遺跡でも年代は異なるが大規模な洪水の跡が発見され、これらの洪水がノアの洪水物語の背景をなすものではないかと考えられるようになった。

4　ロゼッタの石の解読

メソポタミヤとともにイスラエル民族にとって関係の深い地の一つは、長い苦役の時代を過ごしたエジプトである。一七九八年、ナポレオンはエジプト遠征の折、学問的調査のため多くの学者を連れていったが、その中の一人の部下がロゼッタという町で高さ百十四センチ、幅七十二センチの碑文を発見した。これが有名な「ロゼッタの石」で、のちにエジプトの象形文字（ヒエログリフ）を解く鍵となったのである。この碑文はＢＣ一九六年に建てられたもので象形文字と民間文字とギリシャ文字からなっていた。

この解読に当たったのはフランスのシャンポリオンである。彼は二十年かけてやっと「クレオパトラ」と「プトレマイオス」という言葉を解読したが、その後研究を重ね全文の解読に成功した。彼は過労のため四十二歳で死亡したが、彼の努力の結果、それまで長い間謎であったエジプトの象形文字が読めるようになり、それとともに聖書の背景をなす多くの事柄が分かるようになってきたのである。

5　死海文書

パレスチナはイスラエル民族定住の地であり、考古学的対象となる材料は無数にあるが、その中でも聖書に直接関係がある画期的な発見を一つ紹介しておきたい。それは二十世紀最大の考古学上の発見といわれる「死海文書」の発見である。

一九四七年の春、死海の北岸にあるクムランの丘で一人の牧人が羊を追っているうち、一つの洞窟の入り口を見つけた。中に入ってみると、そこにはいくつかのワックスで保護された土製のかめが置かれていて、その中から羊皮紙に書かれた巻物が出てきた。それを牧人から安く買い取った人がエルサレムのアメリカ東洋研究所に鑑定を依頼したところ、それは大変貴重な物で、ＢＣ二世紀から一世紀頃書かれたイザヤ書の写本であることが分かった。それまで世界で最も古い写本でも九世紀のものであったから、世界の聖書学者がこの発見に色めき立ったのは無理のないことであった。一挙に一千年も前の写本が現れたのである。

これを契機に他の洞窟からもたくさんの文書が発見されたが、これらは合わせて「死海文書」と呼ばれる。この死海文書には聖書の写本のほかに、聖書の注解書や旧約外典、偽典、またこの死海文書を隠した宗教団体の規約や祈祷文なども含まれていた。

その後調査研究が行われた結果、これらはＢＣ一世紀前後のエッセネ派系ユダヤ教修道院の跡であることが判明した。また、通称「クムラン教団」と呼ばれるようになったこの宗団は、終末観やメシヤ思想が非常に強く、洗礼や聖餐《せいさん》の儀式など初代キリスト教に通ずる考え方をもっていたことも分かった。恐らくこの宗団は、キリスト誕生を目前にした〝洗礼ヨハネ的〟宗団の一つであったと推測される。そしてまさしく、洗礼ヨハネはこのような宗団を背景にして出てきた人物であったのである。

なお、ちなみにこれに似た考古学上の発見で、初期キリスト教に関するものに「ナグ・ハマディ写本」の発見がある。一九四五年、エジプトのナイル川中流ナグ・ハマディ付近で、一人の農夫により洞窟の土中から壺に入れられた写本が発見された。十一冊と二つの断片からなる総ページ千ページにも及ぶこれら写本群は、主に一世紀から二世紀頃に書かれたグノーシス派キリスト教に関するもので、初期キリスト教を知るのに貴重な資料となっている。

さて、以上見てきたように考古学上の発見は、我々の聖書への理解を飛躍的に深めてくれ大変有益なものである。しかしながらここで留意しておかなければならないことは、聖書はあくまで信仰の書であって歴史の書ではないということである。というのは時に考古学上の発見は、一見聖書の記述と矛盾すると思われる発見もあるからである。

例えばエリコの発掘の例がそうである。エリコの発掘はこれまで三度にわたり実施されたが、その結果分かったことは、確かにそこには崩れた城壁の跡が発見されたが、その年代は――出土した土器などによる精密な科学的調査の結果――、イスラエル民族がカナン征服を始めた頃（BC一二〇〇頃）よりもかなり前（BC二五〇〇頃）のものであることが分かった（『聖書の時代』月本昭男・日本基督教団出版局、四六頁）。換言すればヨシュアがカナンに到着したときには、既にエリコの城壁は崩れていた、ということなのである。これについてはヨシュアの時代には実際城壁があったが、その時完全に崩れ落ち、跡形もなくなってしまったのだ、との考えも出されたが、なんの客観性もなく、単なる想定にすぎないこのような考え方は今日学問的には支持されない。

この件に関し山本七平氏は、同氏の著書でエリコの城壁は既に崩れていたことを前提として、次のような考え方を紹介している。すなわち聖書に書かれている内容は、そこに住んでいたカナンの農耕民族たち、つまりエリコの町の人たちは、突如荒野から現れた戦闘集団であるイスラエル民族に包囲され、恐れを抱き戦意を失って自己崩壊したことを示すものであろうと言うのである（『聖書の常識 聖書の真実』山本七平・講談社、一一〇頁）。言い換えればエリコの人たちの心の中の城壁が、一挙に崩れ落ちたというわけである。

いずれにしても、要するに聖書は単なる歴史書ではなく、あくまで神意に基づき書かれた信仰の書であることを、我々は理解しておく必要があろう。

第4章　モーセ五書と批評学的研究

聖書批評学については既に述べたが、ここでは特に旧約聖書の根幹をなすモーセ五書に関する批評学的研究の成果について触れておきたい。

1　創世記二資料説

旧約聖書の批評学的研究はモーセ五書（創世記から申命記まで）より始められた。古来モーセ五書はモーセ一人の作と考えられてきたが、よく検討してみると、その中にはモーセの死後の話まで出てくる。また同じ話が何度も繰り返され、しかもその双方に食い違いがある。このようなことから、これらの書物がモーセ一人の作とは考えられない、ということになった。

一七五三年、フランスの牧師の子で医師であったジャン・アストリュックは一冊の本を著し、その中で創世記が二つの異なる資料の合成により成立していると主張した。彼によれば創世記の一章で述べられた天地創造の物語は、二章で別の角度から再び述べられており、これは創世記が二つの天地創造物語を組み合わせたものであることを示している、というのである。その証拠に一章では神に対してエロヒームという言葉が使われており、二章ではヤハウェという言葉が使われている。またこの二つの文書を注意深く検討してみると、あらゆる点で対照的な違いがあることが分かった。一章のほうは技巧的でまた荘重な文体であるが、二章のほうは素朴で写実的な文体である。一章では神の姿は見えず威厳のある声だけが聞こえているが、二章の神は人間と同じように園を歩かれる神である。そこで学者たちはこの二つの資料に名前をつけ、一章のほうはエロヒームにちなんでE資料、二章のほうはヤハウェにちなんでJ資料と呼ぶことにした。

なおこの研究を一層進めた結果、E資料とJ資料に分類してみる方法は、モーセ五書全体に適応できることが分かってきた。

2　D資料とP資料の発見

一八〇五年、ドイツの神学者デ・ヴェッテ（一七八〇〜一八四九）は、申命記を研究しているうち、E資料でもJ資料でもない別の資料が中心的に採用されていることを確認し、それがBC六二二年ヨシヤ王の時代に神殿から発見された律法の書であることを——このことはそれまでにいろいろな学者により推定されていたが——批評学的に証明した。そこでこの資料は申命記（Deuteronomy）にちなみD資料（申命記資料）と命名された。D資料はモーセ五書中、申命記に集中しており、申命記はこのD資料を中心資料として書かれたものである。このD資料は、信仰、律法、倫理を強調し、また神殿を中心とする中央集権的信仰を主張するところから、ユダヤ教の独立宣言とも言われ、その後の選民思想や預言者運動の母体ともなった。

D資料に続いてもう一つの資料が発見された。ドイツの神学者であるフープフェルト（一七九六〜一八六六）やリーム（一八三〇〜一八八八）は、E資料を研究するうち、今までE資料と考えられてきた部分は二つの異なる文書からできていることに気づいた。どちらも神に対してエロヒームという言葉を使用しているが、一方は素朴な表現なのに対し、一方はやたらに儀式や系図、数字を重んじているのである。そこで後者のほうをE資料から切り離し、その性格が祭司（Priest）的なところから、P資料（祭司資料）と呼ぶことにした。その結果、我々は最初、創世記の一章をE資料と考えてきたのであるが、それはP資料に分類されることになった。

このようにして学者たちの研究によりモーセ五書は、J・E・D・Pの四つの資料を用いて総合的に編集されたものであることが分かってきたのである。

3　四資料とモーセ五書

さてモーセ五書を構成している四つの資料はどのようにして成立し、組み合わされたのであろうか。この問題に解決を与えてくれたのがドイツの二人の神学者、グラーフ（一八一五～一八六九）とヴェルハウゼン（一八四四～一九一八）であった。グラーフ・ヴェルハウゼン学説と呼ばれるこの学説は、今日一般的に支持されており、モーセ五書成立の過程を次のように説明する。

BC九二二年、イスラエル王国は分裂し南北に対立することになったが、この国家的な危機の中にあって、双方の国で中心的な人たちは国家的な伝統を正すための作業を始めた。まずBC八五〇年頃、南朝でそれまで分散して伝わってきた伝承が一つの資料としてまとめられた。それがJ資料でこれは南朝を褒めるような書き方になっている。これに対してBC七五〇年頃、北朝でも同じような目的で成立したのがE資料で、そこでは北朝を褒めるような書き方になっている。その後、BC七二一年には北朝はアッシリヤに滅ぼされるが、その時E資料は南朝に持ち込まれた。そして恐らくＢＣ六五〇年頃、南朝でＪとＥとが編集され一つにまとめられた。その後ＢＣ六二二年になって神殿から一つの律法の書が発見されたが、これがＤ資料で、ヨシヤ王による宗教改革の指導理念となったものである。

さてＢＣ五八七年には南朝もバビロニヤに滅ぼされ、民たちはバビロンに捕囚となり連れていかれたが、この時これらの資料も捕囚の地に持ち込まれた。捕囚末期になって捕囚の地で新しい宗教運動が起こったが、この時成立したのがＰ資料である。Ｐ資料は祭儀に関する細かい規定や系図、数字を重んじ、神の権威と支配を厳かに訴える一方、排他的で強い選民主義に貫かれている。このＰ資料はモーセ五書全体に及んでいるが、特に集中しているのはレビ記全体、民数記の大部分、出エジプト記の後半などである。

ところでこのＰ資料の作者は、一人ではなくグループとされる。そしてこの人たちが中心となり、いわばＰ資料を全体の枠組みとしながら、それまでの資料（Ｊ資料、Ｅ資料、Ｄ資料）に手が加えられ、総合的に編集されて一つのまとまった書物（群）が作られた。（ＢＣ四五〇年頃）このようにしてできてきたのが今日我々の手にしているモーセ五書なのである。総合的に編集された時期については定かではないが、捕囚の末期か捕囚後すぐの時期と考えられている。

第5章　旧約聖書の各書解説

1　創世記

本書は、モーセ五書の最初の書である。モーセ五書については近代の聖書批評学的研究の結果、モーセの作と信じられず、四つの資料からまとめられたものと考えられるようになったことは既に述べたとおりである。

創世記は、天地の創造、人間の堕落、人類歴史の始まり、という壮大でまた神秘に満ちたテーマを扱っており、我々に最も基本的で重要な概念を提供する書である。そういう意味で本書は旧約聖書中、最もユニークな書ともいわれる。創世記は四つの資料のうちJ、E、Pの三つの資料から成り立っている。

「創世記」という名称は、前述の七十人訳聖書に付けられた名称に由来するもので、ヘブライ語原典では書き出しの言葉を取って「はじめに」が書名となっている。

本書には、天地創造からヨセフがエジプトに行き、父ヤコブと一族をエジプトに呼び寄せて移住するまでのことが書かれており、次のような物語が中核となっている。

（1）天地創造（一・一〜二・二五）
（2）人間の堕落（三・一〜三・二四）
（3）カインとアベルの物語（四・一〜一六）
（4）ノアと洪水の物語（六・一〜九・二九）
（5）バベルの塔の物語（一一・一〜九）
（6）アブラハム伝（一一・二七〜二五・一八）
（7）イサク・ヤコブ伝（二五・一九〜三六・四三）
（8）ヨセフ伝（三七・一〜五〇・二六）

本書の中で特に注目されるのは、人間の本質を「神のかたち」として捉えていることと、人間堕落（悪）の起源を述べていることといわれる。一章二八節の「生めよ、ふえよ、地に満ちよ……」という神の祝福の言葉から、「三大祝福」という神学概念を抽出したことは、統一運動の偉大な神学的功績の一つで、今後注目されるべき内容である。三章一五節の「彼はおまえのかしらを砕き、おまえは彼のかかとを砕くであろう」というのは、サタン（おまえ）とメシヤ（彼）との歴史的対決に関する聖書に現れた最初の預言として注目され、この部分は神学上「原福音」と呼ばれる部分である。

四章二三〜二四節は別名「剣の歌」といわれ、本書中最も古い断片（資料）が使われている箇所の一つで、剣を発明した時の人類の殺戮《さつりく》に満ちた歌である。堕落した人類にとっては、文明の発達はまた一層激しい残虐への一歩でもあったわけである。五章四節のアダムは「ほかに男子と女子を生んだ」という記述にも注意。五章には「エノクは神とともに歩み、神が彼を取られたので、いなくなった」（五・二四）と記されている。エノクは死を見ずに天に上げられた人物として――イエスは別として――エリヤと共に有名である。

六章では興味深い話が展開する。まず天使と人間との間に雑婚が生じたことが記されている。「神の子たちは人の娘たちの美しいのを見て、自分の好むものを妻にめとった」（六・二）。ここでの「神の子たち」とは天使を意味しており、人間の堕落行為を人類始祖と天使長の淫行とする統一運動の視点から見ても興味のあるところといえる。そして両者の間に、民数記（一三・三三）にも記されている謎の巨人人種「ネピリム」（六・四）が生まれたという。一〇章に出てくるこの世の最初の権力者「ニムロデ」（一〇・八）の名も知っておく必要がある。

創世記一四章一七節以下には、戦いから帰ってきたアブラハムを祭司メルキゼデクがパンとぶどう酒を持って迎える場面が出てくる。キリスト教ではこれを聖餐式《せいさん》――洗礼式と並ぶ二大儀式の一つで、キリストの肉を象徴するパンと、血を象徴するぶどう酒が用いられる――の原形と見ている。この時アブラハムはメルキゼデクにすべてのものの十分の一を贈ったが（一四・二〇）、これがキリスト教会における十分の一献金の根拠とされる。一八章一〇節からソドムとゴモラの話が始まる。町を滅ぼすという神にアブラハムは「もし十人の義人がいたら……」と食い下がったが、町は滅ぼされる。このとき神の導きにより災いから逃げる途中、ロトの妻は後ろを振り返って塩の柱にされる。この部分は神に召された者が、過去に未練をもつ愚かさの例えとしてよく引用される部分である。

二二章からイサク献祭の物語、二五章から双子の兄弟エサウとヤコブの物語である。そして三七章からヨセフ伝が始まるが、このヨセフ伝の中に神の摂理史上最も重要と思われる出来事の一つが記録されている。

すなわちヤコブの十二人の息子の中の一人、ユダ（四男）に三人の息子がいた。エルとオナンとシラである。長男エルは名をタマルという女を妻に迎えたが、彼は子を残さず死んでしまった。そこで民族のしきたり上、エルに子を得させるため、タマルは次男オナンの妻となった。ところがこのオナンも死んでしまう。そこでユダは、タマルを三男シラの妻にすればシラまで死ぬかもしれないと案じ、タマルに「あなたの父の家にいなさい」と家に帰し、しばらく待つようにと言う。

しかしながらユダは、シラをなかなか夫として与えてくれない。そこでタマルは非常手段に出る。彼女は遊女に変装して、妻の喪があけたユダを道端で誘い、ユダの子をはらむのである。タマルのおなかには双子がいたが、最初兄（ゼラ）が手を出したがそれを引っ込めると、その後弟（ペレヅ）が先に出てきた（創三八章）。――これがいわゆる統一運動で「胎中聖別」と呼ばれる出来事である。この出来事（条件）が人類の原罪清算（血統転換）摂理の原点であることを発見した統一運動創始者、文鮮明《ムンソンミョン》師の功績は多大という以外にない。イエスはこのペレヅの血統圏（マタイ一・三）を背景に生まれることによって、ここで立てられた条件を基にメシヤとして――すなわち無原罪の方として――お生まれになったのであった。

四八章では前述のペレヅとゼラの物語とも関連するが、また一つの奇妙な話が出てくる。エジプトでヨセフに生まれた二人の子、マナセ（兄）とエフライム（弟）をヤコブが祝福しようとした時、本来右手を兄の上に左手を弟の上に置くところを逆にして祝福する。ヨセフはそれを見て正そうとするがヤコブは応じない。このような一見奇妙な出来事も、統一運動の提示する〝カイン・アベルの論理〟によって初めて解けてくる。一般の聖書注解書もこの部分について、カインとアベル、またエサウとヤコブのケースと類似していることに言及してはいるが、ただ〝恩寵《おんちょう》は自然の秩序を認めない〟というようなコメントにとどまっている。ヤコブはここでヨセフのこの二人の息子も自分の子とすると宣言するが、その後彼らはイスラエル十二部族のうち、二部族（マナセ族、エフライム族）を形成するようになった。

さて四九章に入って、ヤコブは死ぬ前に十二人の息子たちを呼んで祝福する。のちにイスラエルの十二部族を形成する息子たちの名前は以下のとおりである。ルベン、シメオン、レビ、ユダ、ゼブルン、イッサカル、ダン、ガド、アセル、ナフタリ、ヨセフ、ベニヤミン。ただし、前述のごとくヨセフ族は実質マナセ族とエフライム族に別れたので、イスラエル民族は全部で十三部族になる。そこで数を合わせるため、イスラエルの十二の部族と呼ばれるときは、ヨセフ族の代わりにマナセ族とエフライム族を入れ、レビ族を入れないのが普通である。というのは、レビ族は祭儀をつかさどる部族として領地を持たなかったからで、彼らは彼らのために特別に定められた四十八の町に住んだ（民三五・七）。

2　出エジプト記

本書はモーセ五書の二番目の書である。日本語訳の「出エジプト記」という名称は漢語訳聖書から取られたもので、七十人訳聖書では「出る道」、ヘブライ語原典では「これらが名である」という初めの言葉をもって名称としている。本書のほとんどはJ、E、Pの三資料から成り立っているが、一部D資料が挿入されている。

本書はイスラエル民族の歴史が語られるとき、最も劇的な場面の一つとして語られる〝出エジプト〟が中心的内容となっており、次の三つの部分に分けることができる。

（1）エジプトの中で（一～一一章）

（2）出エジプトからシナイへ（一二～一八章）

（3）シナイにて（一九～四〇章）

本書の中心的テーマは、シナイ山でなされた神とイスラエル民族との出エジプトという歴史的事件を中心とする契約である。すなわち大いなる力をもってエジプトから救い出してくれた神ヤハウェの前に、イスラエルの民はヤハウェの民となりヤハウェの教え（律法）を守って生きることを誓い、それに対しヤハウェは彼らを守り、導き、彼らに繁栄を約束する、というものである。

さて本書の主人公「モーセ」という人名について本書は、モーセが水の中から引き出されたから――ヘブライ語で〝マーシャー〟は〝引き出す〟の意味がある――と記されている（二・一〇）。しかしながら、モーセという人名は当時エジプトでは一般的に使われていた人名であることから、もともとエジプト由来の名前と考えられている。

三章から、有名な柴《しば》の燃える炎の中から神の声を聞くモーセの召命の場面が始まる。ここで注目したいのは神がモーセに自分の名を啓示していることで、神は自分の名を「わたしは、有って有る者」（三・一四）と答えている。まさしく創造主としてあらゆる存在の根源者にふさわしい威厳に満ちた名前である。通常「ヤハウェ」と呼ばれるイスラエル民族の神の名は、「有る」（ハーヤー）という言葉から来ているとされる。我々がよく知っている「エホバ」という呼び方は、ヤハウェ＝YHWH（聖四文字、通称テトラグラマトン）と書く一つ一つの子音の文字のあとに、〝主〟を意味するアドナイ（Ado nay）という言葉の母音を付けた――ユダヤ教で神の名をみだりに唱えさせないため考え出された――ところから来ているものである。モーセはこの召命の場で、ヤハウェよりエジプトで奴隷となっているイスラエル民族をカナンの地に導き出す使命を言い渡される。

五章からはいよいよモーセとアロン（モーセの兄で、神によりモーセの協力者として立てられた）によるパロとの対決の物語が始まる。モーセとアロンは神の大いなる助けにより、三大奇蹟《きせき》と十災禍を起こして、かたくななパロを追い詰めてゆく。そしてついにイスラエルの民は、長い間の奴隷の身から解放される日がやって来る。その日エジプト人には最後の災いが臨み、彼らの初子《うぃご》はことごとく撃たれたが、門の柱とかもいに羊の血を塗っていたイスラエルの民の家は守られ、災いは彼らの家を過ぎ越していった（一二・二一〜三二）。

一二章三三節以下からは出エジプトの場面である。彼らはパロにせき立てられ「まだパン種を入れない練り粉を、こねばちのまま着物に包んで肩に負った」（一二・三四）と記されている。実に臨場感あふれる表現で、彼らの出エジプトがいかに切迫したものであったかが分かる。この時の神の恩寵を記念し忘れないため、今日ユダヤ教では「過越《すぎこし》の祭《まつり》」が守られているが、その祭りでは種入れぬパンや、エジプトでの苦役を忘れないための苦菜《にがな》が食される。一四章は、神により裂かれた紅海をイスラエルの民が乾いた地を行くように渡った、という本書のクライマックスともいうべき部分である。このときの感動を歌ったのが「モーセの歌」（一五・一〜一八）や「ミリアムの歌」（一五・二一）である——ただし内容から見て「モーセの歌」は後世の作とされる——。

エジプトを出たイスラエルの民はシナイ山に向かった。二〇章一～一七節まではモーセがシナイ山で神から与えられた有名な「十戒」である。一戒から四戒までは神と人との関係に関する内容で、五戒から十戒までは人と人との関係、すなわち倫理に関する内容である。倫理問題では最初に「あなたの父と母を敬え」（二〇・一二）があり、続いて「あなたは殺してはならない」（二〇・一三）となっていることに注意。

この後、ヤハウェとイスラエルの民とが契約を結ぶ。その内容が二〇章の「契約法典」（二〇・二二～二三・三三）と呼ばれる部分である。モーセは山のふもとに祭壇を築き、民の前でこの契約の内容を読み聞かせたが、これに対し民たちは「わたしたちは主が仰せられたことを皆、従順に行います」（二四・七）と答えた。そこでモーセは祭壇に注ぎかけた雄牛の血の残り半分を民に注ぎかけ、「見よ、これは主が……あなたがたと結ばれる契約の血である」（二四・八）と宣言し、ヤハウェとイスラエル民族との契約が成立する。

二五章以下は契約の箱や幕屋、またそれにまつわる儀式の細かい規定である。そして三一章一八節で神からモーセに戒めと律法の書かれた石板が与えられる。しかしながら石板を持って山から下りてきたモーセが見たものは、金の子牛を造って踊り戯《たわむ》れる民の姿であった（三二・一八）。

モーセは憤りのあまり石板を投げ打って砕いてしまうが、彼は民の罪を執り成す祈りを捧げ、再び石板を手にすることができた（三四・二八）。そして四〇章でその石板を安置する幕屋が完成する。「第二年の正月になって、その月の元日に幕屋は建った」（四〇・一七）。

3　レビ記

モーセ五書の三番目の書である。本書は全文P資料からできている。P資料はBC四五〇年頃バビロンで成立したもので、祭司色の極めて強いことが特徴である。レビ記という名称は七十人訳聖書の「レビの書」に由来している。レビ人は元来祭司職に専従する部族で、レビ記とは祭司の書との意味をもっており、事実本書はそのほとんどが祭儀のための規定で埋められている。ヘブライ語原典では始まりの言葉「そして呼び」が書名となっている。

本書は次のような内容に分けられる。

（1）供物の規定（一〜七章）
（2）祭司についての規定（八〜一〇章）
（3）汚れと清めについて（一一〜一五章）

（4）贖罪《しょくざい》の日の儀式（一六章）
（5）「聖潔法典」（一七～二六章）
（6）請願と十分の一の供え物（二七章）

本書の一貫した主題は「聖」で、「あなたがたの神、主なるわたしは、聖であるから、あなたがたも聖でなければならない」という一九章二節の主張は本書の中心テーマである。そして聖なる神の前にいかに聖なる礼拝を捧げ、聖なる生活をするかという細かい規定が本書の内容となっている。中でも一七章から二六章までの部分は「聖潔法典」と呼ばれ、特にその中の一九章は旧約中最高の倫理思想といわれる部分の一つとされる。この最初の一行が総論とも言うべき〝聖〟の勧めであるが、次から始まる具体的な徳目の最初の言葉がここでも「あなたがたは、おのおのその母とその父とをおそれなければならない」（一九・三）となっている。正に統一運動の創始者、文鮮明師が言われているように、〝親子の心情〟が宇宙の根本の原理であることを示唆している。

レビ記にはまた一方、日々の生活面に関する実に細かい規定が記されている。例えば鳥のうち次のものは忌むべきもので食べてはならないとして「はげわし、ひげはげわし、みさご、とび、はやぶさの類、もろもろのからすの類、だちょう、よたか、かもめ、たかの類、ふくろう、う、みみずく、むらさきばん、ペリカン、はげたか、こうのとり、さぎの類、やつがしら、こうもり」（一一・一三～一九）と記されており、横に鳥類図鑑でも欲しくなるような記述である。また一方では次のような麗しい規定もある。「地の実りを刈り入れるときは、畑のすみずみまで刈りつくしてはならない。また……落穂を拾ってはならない。……貧しい者と寄留者とのために、これを残しておかなければならない」（一九・九～一〇）、「目しいの前につまずく物を置いてはならない」（一九・一四）。

二五章には七年ごとの「安息の年」と、七年の七倍である四十九年目の次の年すなわち五十年目の「ヨベルの年」の記述がある。これらの年は、奴隷が解放され債務が免除される喜びと解放の年である。いわゆる統一運動でいう禧年《ヒニョン》である。

4　民数記

モーセ五書の四番目の書である。本書はJ、E、Pの三つの資料からなっているが、そのうちP資料が全体の四分の三を占めている。本書の名称は、七十人訳聖書では「数」で、漢語訳聖書では「民数紀略」となり、日本語訳のとき「民数記」となった。これらの名称は、本文に出てくる人員調査の記事からきたものである。ヘブライ語原典では初めの言葉である「そして言った」が書名であったが、のちにユダヤ教では一般的に「荒野で」と呼ぶことになった。というのは、本書は全て荒野での出来事が記されているからである。

内容は次の三つの部分に分けられる。

（1）シナイでの滞在（一～九章）

（2）荒野での漂泊（一〇～二一章）

（3）モアブでの事件（二二～三六章）

本書にはいろいろなエピソードを交えながら、イスラエル民族の荒野生活の全貌が記録されている。まず冒頭、エジプトを出た次の年、シナイの荒野でイスラエルの民は神より民の数を数えるよう命じられる。部族ごとに調べた結果、戦いに出ることのできる二一歳以上の男子は全部族合わせて「六十万三千五百五十人であった」（一・四六）。

さて、奴隷の身から解放され意気揚々と出エジプトをしたイスラエル民族であったが、荒野での生活は容易ではなかった。神は食料としてマナを降らせたが、一一章に入って、はやくも民はつぶやき始める。「ああ、肉が食べたい……我々の目の前には、このマナのほか何もない」（一一・一～六）。そこで神は不平を言う民に憤りを覚えながらも、彼らにうずらを与える（一一・三一

〜三二)。

一三章からは四十日カナン偵察の物語である。ここでイスラエル民族は帰ってきた偵察隊より原住民の様子を聞かされ、恐れをなして不信仰に陥ってしまう。その結果、神から償いとして四十年の荒野生活が言い渡される(一四・三四)。

一六章では、コラを中心とする一部不平分子が徒党を組み民衆を扇動して、モーセと補佐役アロンに逆らい始める。彼らはモーセとアロンに言った。「あなたがたは、分を越えています。全会衆は、ことごとく聖なるものであって、主がそのうちにおられるのに、どうしてあなたがたは、主の会衆の上に立つのですか」(一六・三)。この言葉を聞いてモーセは言葉を失い、ひれ伏して神に祈るが、神は怒りを発し、その結果、反逆を企てた首謀者たちは家族もろとも口を開いた地にのみ込まれてしまう(一六・三一〜三三)。

それでもなお納得しない民たちに、神は誰が神に選ばれた者であるかはっきり分かるようなしるしを見せられる。すなわち各部族の長たちは、モーセの言葉に従いそれぞれ自分の名前を書いた杖《つえ》をあかしの箱(契約の箱:中に十戒の書かれた二枚の石板が入れてあった へブル九・四)の前に置いたが、翌日アロンの杖だけが「芽をふき、つぼみを出し、花が咲いて、あめんどうの実を結んでいた」(一七・八)のであった。この杖はあかしの箱の前にしるしとして置かれることになった。

民数記は、モーセの人となりは「柔和なこと、地上のすべてのひとにまさっていた」（一二・三）と記している。がしかし、二〇章では水が欲しいと迫る会衆に対しついにモーセは激して岩を二度打ってしまう。水はたくさん湧き出たが、モーセとアロンは神から咎《とが》めを受ける立場に立ってしまった。これが「メリバの水」（二〇・一三）の物語である。

さて、荒野生活も終わりになり、イスラエルの民は死海の東岸、ヨルダン川を挟んでエリコの町と対するモアブの平野に到着した（二二・一）。ここでおもしろい挿話が展開する。モアブの王バラクは、イスラエルの民を恐れ、メソポタミヤの町の卜占者《ぼくせんしゃ》（霊能者）バラムに使いを送って、自分のところに来てイスラエルの民を呪ってくれるよう依頼する。バラムは神の示しを受け申し出を一旦断るが、再三のバラクの要請に断りきれず、ロバに乗り出掛けることにした。ところがロバが行く手に主の使いを見て恐れ、前に進まない。そこでバラムが憤り何度もロバを杖で打つが、これに耐えかねたロバが怒って声を出す。「わたしがあなたに何をしたというのですか……」（二二・二八）。聖書で動物が人間と話をするのはエデンの園の蛇を除けばここだけと言われる。

二七章に入ってヌンの子ヨシュアがモーセの後継者として任命される（二七・二二）。

5　申命記

本書はモーセ五書の最後の書で、編集に用いられている資料はほとんどがD資料である。前述のごとくD資料は、BC六二二年神殿の中から発見され、ヨシヤ王による宗教改革の理念となった書物である。発見された書物がいつ頃書かれたかは定かではないが、発見された時より数十年前に書かれたものらしいことが分かっている。

申命記という名称は漢語訳聖書からきている。「申命」は命令を再び述べるという意味で、荒野の放浪を終えたユダヤ民族に対し、モーセが目的の地を前に再び律法を民たちに述べるという本書の形式を書名にしたものである。七十人訳聖書では「第二の律法」が書名で、ヘブライ語原典では初めに出てくる言葉である「言葉」を書名としている。

本書のもつ思想的特徴は、まず神殿を中心とする祭儀の中央集中を強調していることである（一二・一二）。これはヨシヤ王が宗教改革の中で行った最も大きな改革で、それまで祭儀は地方で分散的に行われていたのであった。次に信仰、律法、倫理を強調し「神に従うものは栄え、神に背くものは滅びる」（二八・一～）という、いわゆる〝申命記史観〟と呼ばれる信仰観の主張である。このような史観をもった人たちは「申命記史家（記者）」と呼ばれ、Ｄ資料が作成された時代から捕囚以後の時代まで一つの流れとして存在したと考えられており、申命記から列王紀（ルツ記は除く）に至る各書の編集に大きな影響を与えたと見られている。

さて、祭儀の中央集中とともにヤハウェへの絶対的帰依を主張する本書Ｄ資料は、ユダヤ教の独立宣言ともいわれる。言い換えればユダヤ教の明確なアイデンティティーの主張である。したがって本書がイスラエル民族に与えた影響は大きく、その後の選民思想形成や預言者運動の母体となっただけでなく、後期ユダヤ教（ＢＣ二〇〇〜ＡＤ二〇〇）の習慣のほとんどはこの申命記によっている。

また本書は新約聖書とも関連は深く、新約聖書にはイザヤ書や詩篇とともに本書からの引用が多数あり、イエスの言葉にも本書からの引用が多く見られる。あの四十日の荒野の試練の時もイエスは三つともこの申命記から答えを出している（八・三、六・一六、六・一三）。

本書の内容は次のように分けることができる。

（１）第一回説教（一・一〜四・四三）　回顧と勧め
（２）第二回説教（四・四四〜二八・六八）　律法
（３）第三回説教（二九・一〜三〇・二〇）　神との契約

（4）モーセの晩年と死（三一・一〜三四・一二）

さて、長い荒野生活も終わりに近づいた頃、イスラエル民族は死海の東岸に広がるモアブの地に宿営していた。カナンを目前にしてモーセはイスラエルの民に一大説教を始める。説教は、まずこれまでの荒野での歩みを回顧することから始められ（一・五）、その後力強い励ましと勧めの言葉が続く。「われわれの神、主は、われわれが呼び求める時、つねにわれわれに近くおられる。いずれの大いなる国民に、このように近くおる神があるであろうか」（四・七）と。六章四〜九節の「イスラエルよ聞け、……あなたがたは心をつくし、精神をつくし、力をつくして、あなたの神、主を愛さなければならない……」は、「シェマ・イスラエル」（イスラエルよ聞け）と呼ばれる有名な部分で、旧約信仰の〝雄叫《おたけ》び〟ともいわれる部分である。七章一節以下にカナン七族への言及がある。「ヘテびと、ギルガシびと、アモリびと、カナンびと、ペリジびと、ヒビびと、およびエブスびと、すなわちあなたよりも数多く、また力のある七つの民を……全く滅ぼさなければならない」（七・一〜二）。八章の「人はパンだけでは生きず、人は主の口から出るすべてのことばによって生きる……」（八・三）は、イエスが荒野でサタンの試みに遭われたとき答えられた言葉である（マタイ四・四）。

三四章はモーセの臨終に関する記事で、彼は死ぬ前、ネボ山に登りピスガの頂に行った。モーセはそこで神から「わたしがアブラハム、イサク、ヤコブに、これをあなたの子孫に与えると言って誓った地はこれである」（三四・四）と指し示されながらカナンの地を一望するが、彼はそこには入れず百二十年を一期としてモアブの地で死んでいった。

以上でモーセ五書は終わり、次からは歴史書に入る。

6　ヨシュア記

本書も特定の一作者によるものではなく、伝承的資料が収集され編集されたものである。最終的編集はモーセ五書より少し遅く、捕囚から帰ったのち、BC四〇〇年頃と見られている。モーセ五書に続く歴史書の筆頭に置かれている書にふさわしく、本書はモーセの後継者ヨシュアの活躍を中心に書かれている。「ヨシュア」はヘブライ語で「ヤハウェは救い」の意である。

ところで本書は歴史を扱ってはいるが、実質的には歴史的記録としての要素より宗教的教訓的要素のほうが強いといわれ、ヨシュアを中心とする歴史的な事件を通して神を信頼し律法を守ることがイスラエル繁栄の道であることを教えようとしている。

本書の内容は、次の三つの部分に分けることができる。
（1）カナン征服（一～一二章）
（2）土地の分割と定住（一三～二二章）
（3）ヨシュアの晩年と訣別《けつべつ》の説教（二三～二四章）
一章で神はモーセの後を継いだヨシュアに「強く、また雄々しくあれ」（一・六）と精いっぱいの祝福を与える。これはまた今日の我々への励ましの言葉でもある。ヨシュアはカナン侵入に当たり、二人の者を選んでエリコの偵察を命じる。実はこのとき遣わされた二人は、遊女ラハブに助けられその使命を全うするのであるが（二・一～）、その後このラハブは、イスラエル人サルモン（マタイ一・五）と結婚し、その子孫からダビデが生まれてくるのである。神の業は人の考えを超えてなされる。

そしてついに三章後半で、イスラエルの民はヨルダン川を渡り、目的の地「乳と蜜の流れる地」カナンに入る。彼らはそこで、すなわちエリコの平野で、カナンに入って最初の過越《すぎこし》の祭《まつり》を行ったが、その翌日から長い間降り続いたマナはやんだ（五・一二）。親なる神の責任は果たされた。あとは自らの力で歩まねばならない。神の恩寵に対し人間側の責任分担遂行が願われる番である。

六章では、ヨシュア記の一つのクライマックスであるエリコ攻略の物語が展開する。絶対的な信仰をもって進軍するイスラエルの民の前に、堅固に見えたエリコの城壁も崩れ落ちたのであった（六・二〇）。このエリコ攻略物語は――その後のアイ攻略の物語も含めて――、前述したようにその史実性が問題視されることがある。しかしここで重要なのは、それらを通して背後にある霊的メッセージをいかに読み取るかにある。エリコに続いてイスラエルの民はその西方にあったカナンの拠点の町アイを攻略した。この時彼らは苦戦を強いられるが、その原因が、民の中の一人アカンが神への奉納物を盗んだからであると分かり、アカンとその家族が罰せられる（七・二五）。ヨシュアは改めて本格的な作戦を組み、戦いに挑んだ結果、アイは完全に攻略された（八・二八）。

このようにしてイスラエルの民は、ヨシュアを先頭に次々とカナンの異民族を征服し、得た土地をくじ引きにより部族ごとに分割して自分たちの領地としたのである（一四・二）。

二三章以下はヨシュアの晩年と彼の死を前にしての説教である。ヌンの子ヨシュアは百十歳で死んだ。

7　士師記

「士師」という言葉は、二章一六～一九節に出てくる「さばきづかさ」からきている。この「さばきづかさ」は原語（ヘブライ語）「ショーフェート」の訳語で、原語のもつ意味は単に日本語の裁判官というような意味だけでなく、民族的な指導者とでもいうべき意味をもっている。「士師記」という名称は漢語訳聖書に由来するもので、「士師」は漢語では裁判の刑を担当管理する役人を意味する。ヘブライ語原典では「さばきづかさたち」が書名となっている。

本書もヨシュア記と同じく特定の一人の作者によるものではなく、イスラエル民族の所有していた伝承が何回かの編集を経て今日の形となった。最終的な編集は捕囚から帰ってのちBC四〇〇年ぐらいと考えられている。本書の書かれた目的は、士師の勇敢な物語にもかかわらず、全体的には神に不従順であった時の結果を示すことにより、神への従順を教えようとするものである。

本書には勇敢なカナン攻略を記したヨシュア記とは対照的に、異民族に圧迫される民の姿が随所に見られ、実際にはカナン征服の背後にはこのような多くの苦労のあったことが推測される。

内容はヨシュアの死後からサムエルの誕生前までの歴史で、次の三つの部分からできている。
（１）序論　士師時代の始まった頃のカナンの様子（一・一〜二・五）
（２）本論　士師の物語（二・六〜一六・三一）
（３）付録　本論で収録されなかった出来事（一七・一〜二一・二五）
本書に出てくる士師は十二人で、そのうち大士師と呼ばれるのがオテニエル・エホデ・デボラ・ギデオン・エフタ・サムソンの六人、小士師と呼ばれるのがシャムガル・トラ・ヤイル・イブザン・エロン・アブドンの六人である。士師記に出てくる士師たちは強烈な個性の持ち主であり、またカリスマ性をもっているが、また一方では極めて人間味があって我々を引き付ける。

ところで士師記の物語には一定のパターンがある。すなわちイスラエルの民が不信に陥り異教の神々に走ると、神は民を懲らしめるため異民族を送ってくる。そして異民族の圧迫に苦しみ民が助けを求めると、神は士師を送り外敵を追放して民の中にヤハウェ信仰を回復させるのである。しかし士師が死ぬとまた民たちが異教に走る、というようなパターンであり、このようなパターンが幾度も繰り返される形で士師記は書かれている。

序章に続き、最初にオテニエルやエホデの活躍（三・九〜）があり、その後四章から女の士師で有名なデボラの物語が始まる。彼女はイスラエル民族を苦しめるカナンの王ヤビンの軍勢を打ち破るべく、イスラエルの兵をタボル山に集めた。これに対しヤビン軍は、タボル山の麓を流れるキション川の谷に九百両もの鉄の戦車で陣を張るのである。イスラエルの兵たちは、デボラの合図とともに一気に山を駆け下り（四・一四）ヤビン軍に襲いかかった結果、――聖書注解者によれば、戦車はもともと山地に適さない上に、その時は雨季で川が増水していて（五・二一）身動きがとれず――敵は大敗する。しかも敵将シセラは敗走中逃げ込んだ家の女ヤエルに騙《だま》され、こめかみにくぎを打ち込まれ絶命するのである（四・二一）。ちなみにイエスが変貌（変容）した山はこのタボル山だと言われる。五章は「デボラの歌」として有名で、旧約聖書の中でも最も古い断片（BC一二〇〇年頃のもの）の一つと考えられている。この〝イスラエルの母〟デボラ（五・七）をたたえる歌は、カナン征服初期に民衆によって歌われた歌で、その当時の民の高揚した気持ちがよく表現されている。

六章からはギデオンの物語である。デボラが世を去ったのち、またもやイスラエルの民たちは異教の神に傾倒するようになった。ある日、カナンの東部からヨルダン川を渡りミデヤン人十数万の大軍が押し寄せて来た。ギデオンはこれに対抗すべく三万二千の兵士を集めるが、神はこれでは多過ぎる、戦いに勝っても民たちは自分たちの力で勝ったと言って神をあがめないであろうと言い、ギデオンに、戦闘意欲のない者たちを帰らせる（七・三）。その結果一万人が残った。しかし神はこれでも多過ぎるとして、今度はギデオンに兵士たちを川岸に連れて行かせ、彼らに水を飲ませたが、口を直接水につけて飲んだ者や膝をかがめて飲んだ者を除き、手で水をすくい飲んだ者――すなわち、敵に隙を与えない者――だけを選んだところ三百人だけが残った。

ギデオンは神の言葉を信じ、この三百人の精鋭部隊を引き連れ、まっしぐらに敵の本陣を急襲するのである。その結果、敵は大混乱となり同士討ちとなってことごとく敗走してしまう。今日ではギデオンの名は、世界的に無償で聖書配布活動を展開している国際ギデオン協会の名で有名である。読者の中には泊まったホテルの引き出しに同協会の聖書が備えられてあるのを見た方もいるであろう。

＊

一一章からは悲劇の士師エフタの物語が始まる。当時、ギレアデの人たちはヨルダン川の東方に拠点を置くアンモン人の圧迫に苦しんでいた。そして、エフタはギレアデの人たちの要請を受けアンモンの王と対決することになった。このときエフタは神にアンモン人を私の手に下されば、勝利して帰る時最初に出迎えた者を犠牲《いけにえ》として捧げましょうと誓ってしまう

（一一・三〇〜三一）。エフタの率いるギレアデの軍はアンモン王の軍に大勝したが、凱旋《がいせん》したエフタを、太鼓を打ち鳴らしながら踊りを踊って最初に出迎えたのは、最愛の一人娘であった。何たる悲劇！　打ち沈む父に娘は、思い切り悲しむため二カ月の猶予をもらうことを条件に神への誓いを果たすよう勧めるのである（一一・三六）。そして約束どおり二カ月後、娘は身を神に委ねたのであった。娘の名は聖書には記されていない。しかしこの娘の親へのひた向きな孝の心情と、神への純粋な信仰心は、時空を越えて強く我々の胸に迫ってくる。

　一三章からは怪力で有名なサムソンの物語である。そして一七章からは士師の話ではないが、その時代に起こった二つの大きな出来事が記録されている。一つはダン族の移動の物語であり、もう一つは彼らに言わせれば「エジプトの地から上ってきた日から今日まで、このような事は起《おこ》ったこともなく、また見たこともない」（一九・三〇）という正に衝撃的な出来事である。

　エフライム（ヨルダン川西岸の地域）の山麓に一人のレビ族の男が住んでいたが、旅の帰途ベニヤミン族の住んでいる地域で宿を取ったところ悪党たちに取り囲まれてしまった。そしてその悪党たちはその男に同行していた妻（妾）を連れ出し、一晩中その妻を辱《はずかし》め、ついに殺してしまった。怒りに狂ったその男は妻をろばに乗せ家に帰ったが、妻の体を十二切れに切り裂き、イスラエルの全域に送り届けた。これに衝撃を受けた人たちの言葉が「エジプトの地から上ってきた日から今日まで……」という前出の言葉である。

事の次第を知ったイスラエルの人たちは許せないとして続々と各地から集まって来て、ついに連合軍を結成、ベニヤミン族にその悪党たちを渡すよう迫った。これに対しベニヤミン族はそれを拒否したため両者は戦闘状態となったが、ついにベニヤミン族は、リンモンの岩と呼ばれる岩場に逃げ込んだ六百人の兵士を残し殲滅《せんめつ》されてしまう。連合軍はここで十二部族の一つが消滅するのは忍びないとして、残った六百人の兵士を赦《ゆる》すことにし彼らに妻を与えることにしたが、これによりベニヤミン族はやっと生き残ることができたのであった。

8　ルツ記

本書の名称は主人公ルツから来ている。ルツはヘブライ語で「友」の意である。本書は古くから伝わってきたダビデの出生《しゅっしょう》にまつわる物語を、後世の人が文書にしたもので、作者は不明である。また書かれた年代も明確でなく、バビロン捕囚前とする説と捕囚後とする説がある。

内容は、ユダヤ人の母ナオミとその息子の妻で異邦人の女ルツとの美しい人間関係を描いたもので、物語の末尾でこのルツの子孫からダビデの生まれてきたことが述べられる。死海の東方モアブの地に寄留していたナオミは、その地で夫を亡くし、続いて二人の息子も相次いで亡くしてしまった。息子たちの異邦人（モアブ人）の妻二人と共にその地に残されたナオミは、二人の嫁を実家に帰し、一人で元住んでいたベツレヘムに帰ろうとする。しかし兄嫁のルツは義母（ナオミ）を慕ってどうしても一緒に行くといってきかない。ルツは言う「あなたの民はわたしの民、あなたの神はわたしの神です。あなたの死なれる所でわたしも死んで、そのかたわらに葬られます」（一・一六〜一七）。結局ルツはナオミに付いていくことになったが、二人がベツレヘムに着いたのは大麦の刈り入れの頃であった（一・二二）。着いて間もなくであり何の生活基盤もない中、ルツは何とか老いたナオミにパンを食べさせようと、刈り入れの終わった田んぼで必死に落ち穂拾いをする（二・七）。美しい光景である。彼女は、異邦人ながらヤハウェの神を信じ、一途な思いで老いた姑《しゅうとめ》に仕えるのである。やがてルツは、そのような彼女を見初めたボアズと結婚する。そして、このボアズから数えて四代目にダビデが誕生するのである。

作者はこの作品を通し、異邦人でもヤハウェを神として拝するところに祝福が与えられることを述べようとしたのであろう。もしこの作品の成立を捕囚後と考えれば、当時極端に排外的国粋的傾向に走っていた主流派の考え方に対し、ヤハウェの異邦の女への祝福を挙げ、これを補正しようとしたものと見ることができる。いずれにしてもこの物語は読んでいる者の心を温かく豊かにしてくれ、文学的にも宗教的にも価値が高いとされる。

9 サムエル記上・下

本書はもともとヘブライ語原典では「サムエル記」として一冊の本であったが、七十人訳聖書から上下巻に分けられた。この時七十人訳聖書では、「サムエル記」と次の「列王紀」（この書物も元来一冊の本であった）を四巻からなる一連の書物として書名を「サムエル記」上・下を「王国」第一・第二に、「列王紀」を「王国」第三・第四とした。サムエルとはヘブライ語で「神の名」の意である。

さて本書も特定の一作者によるものではない。まず、二ないし三個の資料が南北朝時代に成立し、それらが捕囚の地に持ち込まれてそこで一旦編集され、その後、捕囚から帰還して再度編集され（BC四〇〇年頃）、今日の形となったと考えられている。

本書の内容は次のように区分される。

サムエル記上

（1）サムエル（一～七章）

（2）サムエルとサウル（八～一五章）
（3）サウルとダビデ（一六～三一章）
サムエル記下
（1）ダビデ王朝の確立（一～八章）
（2）ダビデ王朝の宮廷史（九～二〇章）
（3）追加記事（二一～二四章）

以上の内容からも分かるように、本書はサムエル記という表題が付けられてはいるが、サムエルに関する記事は上巻の前半だけで、あとはサウルとダビデについての物語で、特に下巻はダビデの記事が中心となっている。したがって本書はその名にもかかわらずダビデについての書と考えてもよいくらいで、全体としてはイスラエルの建国前後の歴史を取り扱っているといえる。

まずサムエル記上から見ていくと、三章に有名なサムエルと神との出会いの場面が出てくる。祭司エリのもとに預けられていた幼子サムエルが寝ているとき、神が「サムエルよ、サムエルよ」と呼びかける。エリが呼んでいると思いサムエルはエリのところに行くが、エリからは呼んでいない、帰って寝なさいと言われる。こんなことが三度ばかりあり最後にそれが神からの声であることが分かる。そして四度目に呼ばれたとき、初めてサムエルは神の前に「しもべは聞きます。お話しください」（上三・一〇）と答えるのである。この場面を描いた「祈るサムエル」と呼ばれる幼子が両手を合わせて祈っている聖画は有名である。その後サムエルは主の預言者として立派に育っていった。

一〇章で、神命によるサムエルの〝油注ぎ〟により、イスラエル民族最初の王サウルが誕生する。彼は美貌で背が高く好青年であったが、王に選ばれる集会のときは荷物の間に隠れていたほど純朴であった（上一〇・二二）。サウルは、初めの内は外敵から民を救うため勇ましく戦ったが（上一四・四七）、王としての権勢を得るとともに心に緩みが出てきたのであろうか、神への従順さを失っていく。そして最後には神の願いに従わなかったサウルは、サムエルにより王位から退けられる。この時のサムエルの言葉に留意したい。「従うことは犠牲にまさり、聞くことは雄羊の脂肪にまさる」（上一五・二二）。信仰生活における〝従順〟の重要性を教えてくれる聖句である。

一六章からダビデの話が始まる。一七章では有名な少年ダビデと巨人ゴリアテとの対決物語が出てくる。その後ダビデはサウルの家来となり武功を立てていくが、「サウルは千を撃ち殺し、ダビデは万を撃ち殺した」（上一八・七）という民衆の声を聞き、サウルは嫉妬してダビデを憎むようになった（上一八・九）。しかしながらサウルの息子ヨナタンは、ダビデを心から愛し、両者の友情は生涯変わらなかった。ダビデを殺そうとする父サウルの手からダビデを救わんとするヨナタンとダビデとの美しい友情物語は二〇章に展開する。

さて、ダビデは神に選ばれ、サウルを見限ったサムエルより油を注がれ王となる祝福を与えられる（上一六・一三）。しかしながら彼が実際王位に就くまでには、サウルから追われながら多くの辛酸をなめなければならなかった。そのような苦悩の道をも乗り越え、王になっただけあって、彼はなかなかの役者でもあったようである。ダビデはサウルに追われ、一人野山をさまよっているとき、追っ手の届かない敵陣ペリシテ人の地に逃げ込んだ。彼はこの時、ペリシテ人から武勇で有名なダビデが来たとして警戒されるのを避けるため、「わざと挙動を変え、捕《とら》えられて気が変になったふりをし、門の扉を打ちたたき、よだれを流して、ひげに伝わらせた」（上二一・一三）と本書は書いている。一方また、彼は律儀《りちぎ》な信仰を堅持していた人でもあった。ダビデは逃走中、二度にわたってサウルを殺すチャンスがあったが、「主が油を注がれたわが君に……わたしの手をのべるのは良くない」（上二四・六）として、その証拠を残すだけでサウルを手にかけなかった。

＊

サムエル記下に入って、一章ではペリシテ人との戦いでサウルとその子ヨナタンの戦死が報じられるが、その時ダビデは「ああ、勇士たちは、ついに倒れた……」（下一・一九～）と心から哀悼の歌を歌う。この歌はダビデ自身の作と考えられ、その立場に立たされた者でなければ分からない心情のあふれた歌である。

サウルの死後、ダビデはまずユダ族の王となり（下二・四）、その後イスラエル民族全体の王となった（下五・三）。

ダビデはエルサレムを首都と定め、そこに神の契約の箱を運び込んだが、この時進み行く箱の前でダビデは力の限りに踊り、イスラエルの群集は歓喜の声を上げ角笛を吹き鳴らしながらそのあとに従った。（下六・一二～一五）。ダビデの晴れ舞台である。ダビデの踊る姿が目に浮かぶようなシーンである。

その後ダビデは次々と周辺の異民族を平定し、イスラエルの王国を強固なものにしていった（下八・一～）。ダビデのこのような活躍ぶりとまた晩年を全うした王として、彼はイスラエルの名君とされる。それでは彼の王朝は終始平穏無事であったかといえば実はそうでもなかったのである。いろいろな波乱もまたあったのである。その一つがダビデの私生活に関する問題で、いわゆる一一章に出てくるバテシバとの問題である。彼は部下ウリヤを戦場に追いやって殺し、その妻バテシバを奪う。だが一二章に入ってこのバテシバからソロモンが生まれてくるのである。ここでも神の摂理は人智を超えて進展していく。

また一方、王家の内部でもいろいろな事件が発生した。王子の一人アムノンが異母妹の王女タマルを犯すという事件が起こる（下一三・一四）。これを知ったタマルの実兄である王子アブサロムは、家来を使ってアムノンを殺害してしまう（下一三・二九）。アブサロムは父ダビデの怒りを恐れて逃げ三年に及んだが、最後は許され王家に戻ってくる。ところがこのアブサロムは曲者《くせもの》で、王を訪ねてくる者をことごとく手なずけては自分の味方に引き込むのである（下一五・六）。そして最後には彼は王宮を出てヘブロンに行き、そこから全国に密使を送って国民を糾合《きゅうごう》、エルサレムの町と王宮を急襲する。

ほうほうの体《てい》で逃げ出したダビデであったが――この時のことを本書は「ダビデはオリブ山の坂道を登ったが、登る時に泣き、その頭をおおい、はだしで行った」（下一五・三〇）と記している――、体勢を立て直して戦った結果、最終的にエルサレムと王宮を我が子から奪還することができたのであった。この時ダビデは、自分の軍の長ヨアブの手によって我が子アブサロムを失うというつらい経験をした。自分に刃《やいば》を向けた息子ではあったが、その息子の死を知ったとき、ダビデは「わが子アブサロムよ。ああ、わたしが代《かわ》って死ねばよかったのに」（下一八・三三）と言って大声で泣いた。

10　列王紀上

列王紀という書名は、ヘブライ語原典の「メラキーム（諸王の意）」の邦訳である。本書も前述したようにサムエル記と同様、元来一冊の本であったが、七十人訳聖書の時から上下巻に分けられた。七十人訳聖書では、本書の書名は「王国」第三・第四となっている。

本書も一作者によるものではなく、ソロモン王朝時代から南北王朝滅亡までの間に書かれた多くの資料を基に、少なくとも二回の編集過程を経て現在の形になったと考えられている。一回目の編集は南朝滅亡直前のＢＣ六〇〇年頃で、二回目は捕囚の地においてＢＣ五五〇年頃である。編集者は南北王朝興亡の歴史を宗教的に考察し、王朝滅亡の原因がどこにあったかを明らかにしようとしており、結局それは神礼拝（信仰）の堕落にあったとしている。

本書の内容は以下のように区分することができる。

（1）ダビデの晩年とソロモンの治世（上一～一一章）

（2）王国分裂後の両王朝の歴史（上一二～二二章）

イエスから「栄華をきわめた時のソロモンでさえ」（マタイ六・二九）と言われたソロモンの話は本書前半に収録されている。まず一章でソロモンは祭司ザドクから油を注がれ王とされる（一・三九）。ただし、この時彼はすんなり父ダビデから王位を継承できたわけではなかった。一歩間違えば母バテシバと共に謀反者として政敵から殺される立場に立たされたのである（一・二一）。すなわち、ダビデが高齢に達したとき、異母兄弟アドニヤが徒党を組んで王の承認を得ず王になろうとする。この動きを察知した預言者ナタンがそのことをバテシバに告げ、バテシバがダビデに告げた結果、危機一髪でその動きを阻止することができたのであった（一・四九）。さて、王になったソロモンは、三章で神から「あなたに何を与えようか、求めなさい」（三・五）と言われ、神の民を裁く知恵を願って神に祝福される。三章一六節以下の一人の子供を奪い合う二人の女を裁く物語は、ソロモンの知恵をたたえる挿話として有名である。

ソロモンは父ダビデの築いた基盤の上に、一層強固な国家的基盤を築いた。彼の統治した範囲はユーフラテ川からエジプトの国境にまで至り、統治する諸国から多くの貢ぎ物が彼の元に届いた（四・二一）。当時、王の一日の食卓には「……肥えた牛十頭、牧場の牛二十頭、羊百頭で、そのほかに雄じか、かもしか、こじか、および肥えた鳥」（四・二三）が供されたというから、その時の彼はいかに栄耀《えいよう》栄華の中にいたかが分かる。また、ソロモンの知恵と悟りは多岐に及んだ。彼は箴言《しんげん》三千を説き、千五百首の歌を作り、また自然界の話になればレバノンの香柏《こうはく》（杉）から石垣に生えるヒソプ（草の名）にまで至り、また獣と鳥、はうものと魚にまで及んだという（四・二九〜）。

六章では七年かけて造られた神殿が完成するが、その内外は全て金で覆われていた。神殿が完成した時、全イスラエルの民を集めて盛大な奉献式がもたれたが、その日ソロモンは全会衆の前で神殿に向かってひざまずき、切々たる祈りを捧げた。このとき捧げられた供え物は牛二万二千頭、羊十二万頭であったという（八・二二〜六六）。

このように栄華を極めたソロモンであったが、彼は晩年ついにおごり高ぶり不信仰の道を歩んでいく。一一章ではソロモンは、妻七百人そばめ三百人を侍らせるとともに、外国から来た妻たちの影響でヤハウェに背いて異教の神を奉じるに至る話が出てくる。その結果ソロモンは神から咎《とが》めを受け、国家分断の警告を受けることになった（一一・一一）。

＊

さてソロモンの死後、その子レハベアムが王位に就いた（一二・一）。ところが前述したとおりそれを期に、それまで多くの犠牲を払い、背後でソロモンの栄華の時代を支えてきた民たちの不満が一挙に噴出する。彼らは、ソロモンの元家来でソロモンに追われてエジプトに亡命していたヤラベアムを先頭に立て、王に税や強制労働などの負担の軽減を願い出たが、王はこれを一蹴する。その結果、北部の十の部族は謀反を起こし、ヤラベアムを王に立て独立してしまう（一二・一六〜二〇）。このようにしてイスラエルの王国は神の警告どおり、北部十部族による北朝イスラエル（エフライム）と、ユダ族とベニヤミン族による南朝ユダに分裂するのである。

ところで北朝の王となったヤラベアムは、自国の民が南朝にある神殿に行き、礼拝を捧げることによって心が南朝に傾くことを恐れた。そこで彼は金の子牛の像二体を作り北朝の町ベテルとダンに置いて民に拝ませたが（一二・二八）、これにはヤハウェの神も怒りをあらわにし、ついにヤラベアムに審判の言葉が下った。「わたしは……ヤラベアムの家を全く断ち滅ぼすであろう。ヤラベアムに属する者は、町で死ぬ者を犬が食べ、野で死ぬ者を空の鳥が食べるであろう」（一四・一〇〜一一）。そしてこの言葉は、ヤラベアムの死後王位を継いだ息子ナダブの世に現実のものとなる。すなわち謀反を起こしたバアシャによりナダブ王をはじめヤラベアムの全家、息のあるものは一人も残さずことごとく滅ぼされてしまうのである（一五・二九）。しかしながらその後も北朝では王や民たちは異教に走り、民心が安定しない中、内乱が多発して国情の安定しない時代が続いた。

このような北朝の危機的状況下、民から異教を追い出し、ヤハウェ信仰の回復を求める預言者の活動が始まった。一七章からは異教に走る北朝七代目の王アハブと、異教の神に仕える隣国から迎えた彼の妻イゼベルに対し、真っ向から立ち向かう北朝の預言者エリヤの話が始まる。冒頭、アハブの迫害を避けケリテ川のほとりに身を隠していたエリヤを、からすがパンと肉を運んで来て養うという挿話が見える。一八章のカルメル山（ガリラヤ湖西方にある地中海沿岸の山）でバアルの預言者四百五十人と戦ったエリヤの物語は有名である。このとき両者はイスラエルの民を前にして、互いにたきぎの上に切り裂いた牛を載せ、火をもって答える神を神とした。まずバアルの預言者たちが必死で祈祷を捧げたが何の変化もなかった、そこでエリヤは自らの祭壇に水を三度も注がせた上でヤハウェの神に祈ったところ、天から火が下って祭壇を焼き尽くした。これを見た民たちは「主が神である。主が神である」（一八・三九）といってその場にひれ伏したので、エリヤは民に命じバアルの預言者を全て捕まえ殺させた。

事の次第を知ったアハブの妻イゼベルは怒り、エリヤを殺そうとする。エリヤはイゼベルの追っ手を恐れベエルシバ（死海西方の町）近くの荒野まで逃げるが、ついに精根尽き果て、神に死を求めて祈る。「主よ、もはや、じゅうぶんです、今わたしの命を取ってください。わたしは先祖にまさる者ではありません」（一九・四）。それでもやっとのことでホレブ山（シナイ山）までたどり着いたエリヤに対し――神の臨在を示す恐ろしい天然の異象が続いたあと、静かな細い声で――神はエリシャを後継者とするよう命じるとともに、次のように語りかける。「わたしはイスラエルのうちに七千人を残すであろう。皆バアルにひざをかがめず、それに口づけしない者である」(一九・一八)。これがいわゆる「残りの者」と呼ばれる思想で、パウロもロマ書一一章四節に引用している。この思想は、旧約時代から新約時代にまで引き継がれている一つの注目される考え方で、いかなる時でも神は必ず希望の群れを残しておられるという信仰である。イザヤ書などにもこの考え方は顕著に表れている(イザヤ一〇・二〇)。

さて、夫アハブを巻き込んだイゼベルとエリヤの戦いは、最終的にはアハブはエリヤの前に悔い改めるが(二一・二七)、イゼベルは最後まで悪の道から離れずついに非業の死を遂げることにより終わりを告げる(下九・三三)。

本書に見るこのようなエリヤの活躍は、その後の北朝や南朝での預言者運動の先駆となった。

11　列王紀下

列王紀についての基本的な説明は、前項「列王紀上」を参照されたい。

さて、本書の内容は次のように区分することができる。

（1）北朝滅亡までの両王朝の歴史（一～一七章）

（2）北朝滅亡後の南朝の歴史（一八～二五章）

二章でエリヤは火の車と火の馬が現れ、つむじ風に乗って昇天する（二・一一）。死を見ず天に上ったエリヤは、のちに預言者マラキにより、メシヤの前に道を備えるために再臨することが預言される（マラキ四・五）。エリヤの昇天後、彼の使命は弟子エリシャに引き継がれた。エリシャは、エリヤが昇天するときエリヤから外套《がいとう》を授けられたが、それを受け取ると、エリヤの持っていた力が彼に与えられた。その後エリシャにより多くの力ある業がなされていく。時には彼は死んだ子供も生き返らせることができた（四・三五）。

しかしながらこのようなエリヤやエリシャらによる必死の活動にもかかわらず、北朝ではその後も異教に走る王が続き、国内では争いが絶えなかった。そしてついに神の審判が北朝に下った。一七章には北朝イスラエルの首都サマリヤの陥落、すなわち北朝の滅亡と民たちが捕囚となってアッシリヤに連れていかれたことが記されている（一七・六）。

ところで話は遡るが、一一章には南北両王朝の王の中で唯一女性の王で、しかも悪女として知られる南朝の王アタリヤのことが記されている。実はこのアタリヤは前述の悪名高い北朝の王アハブとその妻イゼベルの間にできた娘で、北朝から嫁に来て南朝ヨラム王（位BC八四九〜八四二）の妻となっていたのである。さて夫ヨラム王が死ぬとその息子アハジヤが代わって王になったが、彼がたまたま北朝の王を見舞いに行った際、政変に巻き込まれ殺されてしまう。息子の死を知ったアタリヤは、直ちに自分の嫁ぎ先である南朝の王族――すなわちアハジヤの子（自分の孫）も含め、後継者となり得るダビデの血を引く全ての王族――を皆殺しにし、自ら王となって南朝を治め始めるのである。これによりダビデ以来一系を保ってきた南朝の王統がついに途絶えたかに見えた。がしかし、実はこのときアハジヤの姉妹エホシバが、まだ幼いアハジヤの子の一人ヨアシをかくまい、乳母を付けて神殿の中で六年間にわたりひそかに育てるのである（一一・三）。

さてヨアシが七歳になったとき、祭司エホヤダが兵の司たちを神殿に呼び、事の次第を打ち明け、一斉に決起させてヨアシを王位につかせることに成功する。騒ぎに気付き神殿に駆けつけたアタリヤは「反逆です、反逆です」（一一・一四）と叫んだが、その時は既に時遅く、彼女は神殿から連れ出され処刑されてしまう。このようにして北朝では次々と王朝が入れ変わる中、南朝では奇跡的に――まさに神の加護としか言いようがないが――ダビデの王統は守られ南朝滅亡まで続くのである――。がしかしこれで話が終わらない。実はダビデの血統はその後、捕囚の地でも、また捕囚から帰ってきてからも連綿と受け継がれ、ついにその血統を受け継ぐ家庭を背景に「ダビデの若枝」（イザヤ一一・一、黙五・五）と預言されたイエス・キリストが誕生してくるのである。

＊

さて一七章で北朝が滅び、以後南朝のみの話となる。南朝でも北朝ほどではなかったが、カナンの土着の風習（異教）に染まっていく王が後を絶たなかった。そのような中で善王とされる王の一人にヒゼキヤがいる。彼は国内にある異教の「高き所を除き、石柱をこわし、アシラ像を切り」（二八・四）倒すなど異教を排除するとともに、神殿を清めて祭儀を奨励した（歴代下二九・一〜）。また彼は城壁を修復し、エルサレム城外、東南にあったギホンの泉からエルサレム城内に地下水道を引いて戦いに備えるなど（歴代下三二・三〇）、国力増強に努めた——この水道は現存し今日でも使われている——。

さて、彼の治世の十四年目に最大の危機が訪れる。アッシリヤの王セナケリブが十八万の大軍を引き連れエルサレムに攻め上って来たのである。ヒゼキヤは神の加護を願い宮に入って切々たる祈りを捧げるとともに、また預言者イザヤに伺いを立てるため使者を送った。イザヤから届いた神からのメッセージはこうであった。「『アッスリヤの王セナケリブについてあなたがわたしに祈ったことは聞いた』。……『彼はこの町にこない。……わたしは自分のため、またわたしのしもべダビデのためにこの町を守って、これを救うであろう』」（一九・二〇～三四）。そして奇跡が起こった。本書は以下のように記している。「その夜、主の使が出て、アッスリヤの陣営で十八万五千人を撃ち殺した。人々が朝早く起きて見ると、彼らは皆、死体となっていた」（一九・三五）。ヒゼキヤは民に尊敬されながら死んでいった。

　しかしながらヒゼキヤの築いた善政は、その後王位を継承した彼の子マナセ、そしてマナセの子アモンにより覆されることになる。しかも皮肉なことにこの両王は、南朝の王の中でも最悪の王として有名で、特にマナセは父が排した異教の礼拝を復活させ自らそれに帰依した。その悪行ぶりについて本書は次のように記している。「彼は父ヒゼキヤがこわした高き所を建て直し、……バアルのために祭壇を築き、アシラ像を造り、かつ天の万象を拝んで、これに仕えた。……またその子を火に焼いてささげ物とし（モレクと呼ばれる偶像に人身を捧げる異教の儀式）、占いをし、魔術を行い、口寄せと魔法使を用い、……主の怒りを引き起《おこ》した」（二一・三～六）。

　二二章からはアモンの子で善王として有名なヨシヤ王の物語である。彼は南朝の王たちの中でも特に篤い信仰をもった王であった。本書も「ヨシヤのように心をつくし、精神をつくし、……律法にしたがい、主に寄り頼んだ王はヨシヤの先にはなく、またその後にも……起《おこ》らなかった」（二三・二五）と記している。

　さてヨシヤの治世中、神殿から律法を記した一つの書物が見つかったが（二二・八）、彼はそれを見て心動かされ、その書物に基づいて大々的な宗教改革に乗り出す。いわゆる〝申命記改革〟である。これによりそれまで国内にあった異教の祭壇や偶像は全て取り除かれ、国内のヤハウェ信仰は復興された（二三・四〜二四）。ヨシヤの行った改革の一端を本書は次のように記している。「彼はまた主の宮からアシラ像を取り出し、……それを焼き、それを打ち砕いて粉とし、その粉を民の墓に投げすてた。また主の宮にあった神殿男娼の家をこわした。……だれもそのむすこ娘を火に焼いて、モレクに捧げ物とすることのないように、ベンヒンノムの谷にあるトペテ（異教の祭壇）を汚した。……またもろもろの石柱を打ち砕き……」（二三・六〜一四）。これをみても当時国内に異教がいかにはびこっていたかが分かる。しかしながら、彼は惜しくも使命半ばにしてエジプト軍との戦いで死んでゆく（二三・二九）。その結果、再び国家は乱れ、ついに南朝も捕囚への道を歩んでいくことになった。二四章には一回目の、また二五章にはエルサレム陥落と二回目のバビロン捕囚の記事が見える。

12　歴代志上・下

本書の名称は、ヘブライ語原典では「日々の出来事」となっており七十人訳聖書では「除かれた事柄」となっている。「歴代志」という名称は、ヒエロニムスが「年代記」と呼んだことから、その後このような意味の訳語が使われるようになり、邦訳でもこのようになった。志は「こころざし」のほかに「記録」の意味があり、ここでは後者の意味で使われている。本書も本来は一巻であったが七十人訳聖書から便宜上、上下に分けられた。

上下巻を通して語られている内容は、イスラエル民族の歴史で、一応アダムからバビロン捕囚、そして帰還までを扱っている。しかしアダムからサウルまではほとんど系図であり、また捕囚中の内容などは記されていないので、結局本書はダビデからユダヤ民族滅亡までの歴代の王の治世がその内容となっている。

ところで、列王紀が歴代の王の治世を取り扱ったものであるにもかかわらず、なぜ同じような本書が書かれたのであろうか。実はこの二つの歴史書成立の年代にはかなりの開きがある。列王紀は、南北王朝分立という国家的危機の時代に、国家的伝統を正そうとして生まれてきたもので、ＢＣ八世紀前後にはその元となった資料は成立していた。一方本書の成立はそれよりずっと遅く、バビロン捕囚後ＢＣ三〇〇年頃と考えられている。というのは、本書は、捕囚から帰ってきた民が第二神殿を中心に国家再建に取りかかった時の指導理念として書かれたものだからである。それゆえ、本書は歴史書というよりは宗教的教訓書という一面を強くもっており、ヘブライ語原典でも歴史書としての扱いではなく「諸書」に入れられていて、七十人訳聖書でも「除かれた事柄」という名称にとどまっている。

本書は一人の愛国の情に燃える人物によって書かれた。彼は神殿が建ち国家は再建されたものの、いま一つ宗教的に沈滞している民族の姿を見て黙っていることができず、栄光の民よ目覚めよという叫びをもって筆を執ったのである。本書に続くエズラ記、ネヘミヤ記も同一人物の作と考えられ、本書上下二巻と合わせてこれら四書は連続物として書かれたと考えられている。

本書の特徴として挙げられるのは、第一に明確な歴史観に基づいて書かれている点で、それは信仰することにより神の恵みを受け、不信仰は罰せられるという思想である。第二に北イスラエルの歴史が完全に無視されている点である。その理由は当時（捕囚後）既に北イスラエルは遠い過去のことで、民の関心事でなかったからといえる。第三にダビデの時代を特に理想としている点で、国家再建に当たっていた彼らの理想が反映したものといえる。そして第四に律法と祭儀の重視である。これは当時新しく建った第二神殿を中心に宗教的伝統を立てなければならなかった事情があったからと考えられる。

本書の内容は次のように分けられる。

歴代志上

（1）アダムからダビデまで（一～九章）

（2）ダビデの治世（一〇～二九章）

歴代志下

（1）ソロモンの治世（一～九章）

（2）レハベアムから捕囚解放まで（一〇～三六章）

本書を開いてみると、まず一章から九章にかけて書かれているイスラエル民族の誇りに満ちた系図の連続に驚く。本書の記者は、人類の始祖アダムからユダヤの栄光の王ダビデまでの血統を一気に並べることにより、読む者に選民イスラエルの偉大さを自覚せしめようとしたのであろう。そして一〇章のダビデの治世から具体的な歴史の記述が始まる。

本書には、歴代志記者の史観による論述とともに独自の資料も使われているが、概してサムエル記や列王紀と重なる部分も多く、ここでの内容についての論評は割愛する。

13　エズラ記

本書は次のネヘミヤ記とともに一組として書かれたもので、これらは歴代志の続編である。前述したとおり歴代志上下、エズラ記、ネヘミヤ記は一人の人物により書かれた一貫した歴史書と考えられており、作者はエズラの時代よりも百年ほどあとのＢＣ三〇〇年ぐらいの人である。

エズラは祭司長アロンの子孫で、律法学者でありまた祭司であった。彼は捕囚の地より帰ったのち、ユダヤの民にモーセの律法を示して徹底的な宗教改革と宗教復興運動を行った。それゆえ彼は〝ユダヤ教再興の祖〟とも呼ばれる。エズラがいつ頃エルサレムに帰還したかについては諸説があるが、大体ＢＣ四〇〇年前後と考えられている。

本書の内容は、次の二つの部分に大きく分けることができる。

（1）ユダヤ民族の帰還と神殿建設（一～六章）

（2）エズラの帰還と宗教改革（七～一〇章）

さて、エズラがエルサレムに帰還した時には既に先に帰った民により第二神殿は建設されていた。本書の記者はその神殿の基礎が据えられた時の感動を次のように記している。「もとの宮を見た老人たちがあったが、今この宮の基礎の据えられるのを見た時、大声をあげて泣いた」(三・一二)。国が滅び長い捕囚生活を経験した人たちにとって、神殿の再建は感慨深いものであったに違いない。

エズラはこの再建された神殿を中心として宗教改革を行ったのである。特に彼は選民イスラエルの伝統、血統を正すため、異邦人との結婚を禁止するという厳しい処置を取っている。祭司までもが率先して異邦人の女と結婚し、選民の血統を汚したことを知った彼は「着物と上着とを裂き、髪の毛とひげを抜き、驚きあきれてすわった」(九・三)と記されている。そしてその場で彼は着物と上着を裂いたまま、膝をかがめて民に代わりざんげの祈りを捧げるのである。このような彼の改革は一方では国粋主義的とも表現されるが、選民的伝統を正そうとする彼の信仰的側面からも理解する必要があろう。

エズラの活動のクライマックスは、全イスラエルの民衆を集め、その前で律法を読み聞かせ、律法の公布をしたことであった。この律法の公布を期に今日まで続くユダヤ教が出発したのである。ただ律法公布の記事はこのエズラ記にはなく、次のネヘミヤ記八章に出てくる。

14　ネヘミヤ記

本書は、歴代志上下、エズラ記と続くシリーズものの最後に来る書で、前述したごとく歴代志上下の続編としてエズラ記と一組で書かれたものである。作者は全て同一人物である。

ネヘミヤはエズラと同じく、ユダヤ民族の帰還時代に大いに活躍した人物であった。彼は捕囚の地では王の給仕役であったが、帰還後は実行力のある政治的指導者として活躍した。ネヘミヤのエルサレム帰還に関しては、現行の聖書ではネヘミヤ記がエズラ記のあとに置かれており、ネヘミヤの帰還がエズラのあとのようになっている。しかしながら学者の間ではネヘミヤの帰還のほうがエズラより早かったとするのが支配的な考え方となっている。この考え方に基づけばネヘミヤの帰還はＢＣ四四五年とされる。彼は、ペルシャ王（アルタシャスタ一世）からユダヤの総督（一〇・一）としての立場を与えられ帰還した。彼が帰還した時には既に第二神殿は建設されており、彼はその基盤の上にエルサレムの城壁を修築、またエズラと共に宗教改革を断行して国家再建のために力を尽くした。

本書は、次の二つの部分に分けられる。

（１）ネヘミヤの帰還と城壁の修築（一～七章）

（２）その後の宗教改革（八～一三章）

本書でまず注目したいのは、一章に記されているネヘミヤの神の民を思う熱い心情の祈りである。彼は捕囚の地で荒廃したエルサレムの状況を知らされた時、改めてイスラエル民族の犯した罪の大きさを知り、ざんげの気持ちが湧き上がってきた。彼は「すわって泣き、数日のあいだ嘆き悲しみ、断食して天の神の前に」(一・四)祈った。

帰還したネヘミヤは、すぐさま民を動員して城壁の修理に取りかかる(二・一七)。彼らは周囲の民族からいろいろな嫌がらせを受けたが、一致団結して事に当たった結果、城壁はわずか五十二日で完成した(六・一五)。——実はこの後、本書には書かれていないがネヘミヤは一旦ペルシャに戻り、再び帰還してエズラと宗教改革を行ったとする見方が一方では存在する。

八章から宗教改革の記事であるが、この中でエズラがモーセの律法を民の前に公布した記念すべき日について記している。このとき厳かに行われた式典と律法の言葉に心打たれ、民たちは思わずその場で泣き出してしまったという(八・九)。

捕囚から帰って来た民は、三つの大きな経験をした。第一は神殿の再建、第二は城壁の修築、第三はエズラ、ネヘミヤによる宗教改革であった。キリストの来臨を前に、整えられた民を準備しようとする摂理的胎動は、この辺りから本格的に始まっているのである。

15　エステル記

本書は、話の舞台をペルシャの捕囚時代に置いている。したがって年代順からいえば本書は、エズラ記やネヘミヤ記以前にこなければならない。それが旧約の歴史書の中では最後に置かれたのはそれなりの理由があった。というのは、本書は歴史的記録の形をとっているが、記されている内容を史実と比べてみると、多くの点で矛盾があり史実性に乏しいと考えられたからである。また本書は昔からラビたちにより、旧約聖書中一度も「神」という文字が出てこない書物として、正典に編入することをいぶかられてきた経歴ももっている。そういうわけで本書はのちに辛うじて正典に編入されたのであった。

本書の内容は、次のように分けられる。

（1）エステルが王妃となるまで（一～二章）
（2）ハマンの陰謀とエステルらの活動（三～七章）
（3）ユダヤ人の救いとプリムの祭り（八～一〇章）

さて本書の主人公エステルは、ユダヤ人の女性で、親族のモルデガイと共に捕囚の時バビロンに移され、そこでモルデガイによって育てられた。その後、捕囚の地はペルシャの支配する時代となったが、ふとしたことからエステルは王宮に仕える身となり、ついに王の目にかなって王妃として迎えられる。そんなある日、王の家来ハマンはユダヤ人絶滅の計画を立てる。これを知ったエステルはモルデガイと相談して王に直訴し、ユダヤ人の命を救うとともに、反対にその敵を滅亡させる、というのが本書の物語である。

それにしても文中、自分の命を賭する覚悟で、ハマンの陰謀を王に直訴しようと出て行くエステルの気迫には圧倒される。その時彼女はモルデガイに次のように言う「あなたは行ってスサ（ペルシャ帝国の都の一つ）にいるすべてのユダヤ人を集め、わたしのために断食してください。三日のあいだ夜も昼も食い飲みしてはなりません。わたしとわたしの侍女たちも同様に断食しましょう。……わたしがもし死なねばならないのなら、死にます」（四・一六）。エステルの直訴は成功してユダヤ人は陰謀から解放されるのであるが、この解放の日を記念して、ユダヤ人は「プリムの祭」を制定した（九・二六〜二七）――「プリム」とはヘブライ語で「くじ」を意味し、ハマンがユダヤ人を虐殺する日をくじで決めたことに由来する――。今日ユダヤ教ではこのプリムの祭の日にはエステル書が読まれ、その場でハマンの名が出るたびにみんなではやし立てるという。エステル記は恐らくこの祭りの由来を教えるため、過去の伝承を基に書かれたものと思われる。

エステル記が書かれた年代については、ユダヤ人の中にプリムの祭が制度化されてきたのがＢＣ一六〇年以後であるところから、ＢＣ一三〇年前後と考えられている。この頃のユダヤ人は、マカベヤの活躍により、捕囚の時代も含め長い間の他国の支配から完全な独立（ＢＣ一四二年）を勝ち得た時期であり、今こそ復興の時という激励の意味もあって本書が書かれたのであろう。当時の人々の心にはエステルと同じく、異邦人の支配下にあっても、先祖から受け継いだ信仰と誇りを守り通した、という勝利感がみなぎっていたに違いない。そのような思いが本書を生み出し、またプリムの祭を制定させたのである。

本書をもって旧約の歴史書は終わり、次から詩文書に入る。

16　ヨブ記

本書のテーマは、〝恵みを受けて当然であるべき義人がなにゆえ苦しまねばならないのか〟ということで、言い換えれば〝神は真に義なる神であり得るのか〟という問題である。古来人々は悪人が栄え、義人が苦しむ姿を見せられてきた。神がいるのならなぜ悪人が罰せられず、義人が恵みを得ないのか、という疑問を誰しも一度はもつものである。このような問題は神学的には神義論と呼ばれる。本書はこの神義論を扱った文書の中では、正に第一級に賞せられる作品なのである。

本書は、ヨブに関する記録ではなく、ヨブという伝説的な人物（エゼキエル一四・一四）を主人公にして、前述のテーマを追求するために書かれた一種の知恵文学（これについては後述する）である。学者たちの意見では、本書はBC六〇〇年頃、ある不明の作者により散文として書かれたが、その後中心部分（本曲）が劇詩風に書き直され、またその後その中心部分に若干の加筆（エリフの演説）がなされて今日の形になったという。

内容として、次のように分けられる。

（1）序曲（一〜二章）

（2）本曲

①三人の友人との論争（三〜三一章）

②エリフの演説（三二〜三七章）

③ヤハウェの演説（三八〜四一章）

（3）終曲（四二章）

本書の主人公である義人ヨブは、神とサタンの間にあって多くの試練を受け悩まされる。そこに三人の友が登場し、さらに軽薄な言葉でヨブを苦しめる。そこには神もサタンも登場する壮大な舞台の上で、義人ヨブの苦悩にさいなまれる姿が見事に表現されている。ここに出てくる三人の友のうち、エリパズは荘重な預言者型、ビルダデは伝統固守型、ゾパルは常識型で、ヨブはこの三人からそれぞれの考え方により愚弄される。

本書は冒頭、次のようにサタンがヨブを神に讒訴《ざんそ》することから物語が展開される。「ヨブはいたずらに、神を恐れましょうか。……彼のすべての所有物を撃ってごらんなさい。彼は必ず……あなたをのろうでしょう」（一・九〜一一）。この〝サタンの讒訴〟という考え方は、ヨハネの黙示録などにも見られる考え方（黙一二・一〇）で、統一運動が主張する神とサタンを中心とする「条件」の奪い合い、という摂理史観を強く擁護するものといえる。一章二一節の「わたしは裸で母の胎を出た。また裸でかしこに帰ろう。主が与え、主が取られたのだ。主のみ名はほむべきかな」というヨブの言葉は有名。

一九章前後は真理追究の論争が最高潮に達している部分。ヨブの友人たちがヨブに己の罪を認めさせようと執拗《しつよう》に詰め寄るが、ヨブは身に覚えがないので頑固にそれを認めようとはしない——ある意味で神に抗議したいような気持ちで——。そしてヨブは言う「わたしは断じて、あなたがたを正しいとは認めない。わたしは死ぬまで、潔白を主張してやめない。……」（二七・五）。続く三一章は旧約の中でも最高の倫理的思想とされる部分の一つである。ヨブはここで自己の潔癖性を次のように主張している。「わたしは、わたしの目と契約を結んだ、どうして、おとめを慕うことができようか。……もしわたしを憎む者の滅びるのを喜び、また災が彼に臨んだとき、勝ち誇ったことがあるなら、……」（三一・一〜二九）。

三二章からはヨブの三人の友人に代わり、自ら若い世代の代表者と任ずるエリフの演説（三二〜三七章）である。この部分は後世の加筆とされる部分であるが、彼が物語に登場して来るその登場の仕方がおもしろい。エリフは、ヨブだけではなくヨブの強情な態度に言葉を失っている三人の友にも怒りを発しながら（三二・三）、聞いてはいられないとばかりに物語の背後からさっそうと登場してくる。

三八章以下は「ヤハウェの演説」といわれる部分で、ついに神自ら現れ出てヨブとの直接対決となる。ヨブに投げかけられた神の最初の言葉は「無知の言葉をもって、神の計りごとを暗くするこの者はだれか……わたしはあなたに尋ねる、わたしに答えよ」（三八・二〜三）であった。その後滔々《とうとう》と威厳に満ちたヤハウェの演説が二度にわたり続く。ヤハウェの第一回の演説のあと、その威厳の前にヨブは自分の口を閉じる（四〇・四）。そして第二回の演説のあと、ついにヨブは次のように言って神の前に降参する。「それゆえ、わたしはみずから悟らない事を言い、みずから知らない、測り難い事を述べました」（四二・三）。この後、神の怒りは安易に義人ヨブを責めた友人に向けられる――ヨブを擁護しながら（四二・七）。このようにして神により決着がつけられたあと、ヨブは試練（災難）から解放され、物語は一気に緊張から解放に向かい終局を迎える。

さてヨブ記は最終的に何を言おうとしているのであろうか。いろいろな考え方があるかもしれないがあえてそれをひと口でいうとするなら、悩める者、貧しき者、――いわゆる神の祝福のもとにない者――に対して、軽薄な判断を下してはならないということであり、そこには人智では計り知れない神の計画のあることを知るべきである、ということになるであろうか――。それはまた逆に、そのような境遇に立たされた者も、同じであって早計に自己の運命を呪うのではなく、その背後に自己の知り得ない神のみ意《こころ》があるのであり、いかなる時でも神のみ前に謙虚たれ、ということにもなるであろう。ヨブ記の指し示すところは、従来の善は祝福され、悪は罰せられるというような単純な信仰観に対し、厳密な意味でその修正を迫るものともいえる。がしかし、よくよく考えてみると最終的な答えは出ていないことに気づく。すなわち、ではいったいなぜ義人が苦しまねばならないのだろうかという問題には答えが出されていないのである。この問題は結局せんじ詰めれば、神が造り支配する世界に、なぜ悪がはびこり、善が苦しむ事態があるのかという問題であり、言い換えれば神がなぜこのような不条理の現実を救ってくれないのかという問題といえる。実は統一運動の創始者、文鮮明師も多くの天倫の秘密を解かれながらも最後に残ったのがこの問題であった。そしてその最終的な解答は、統一運動の指導書『原理講論』二章六節「神が人間始祖の堕落行為を干渉し給わなかった理由」の中に書かれている。それをもし一言で言うとするならば、〝人間には責任分担があった〟ということであり、それは正に大発見であった。このことについて同師は以下のように述べている。「統一教会で人間の責任分担ということを明らかにしたという事実は、宇宙的な発見です。原子爆弾を発明したこと、アインシュタインが相対性理論を発見したこととは比較にもなりません。それが分からなければ、歴史のすべてのものが解決されないのです」(天一国経典『天聖経』第四篇第二章第一節41)。

17 詩篇

本書の名称は、ヘブライ語原典では「賛歌」となっている。その理由は、本書が捕囚後再建された神殿（第二神殿）の礼拝用賛美歌として編集されたからである。本書には統一王国時代に作られたものまで含まれていると考えられ、それ以後第二神殿の時代までの相当長い期間に作られた詩篇が収められている。七十人訳聖書では本書の名称は「歌」となっている。

内容はモーセ五書にならい全体を五巻に分け、各巻の終わりには「主はとこしえにほむべきかな。アァメン、アァメン」（八九・五二）というような頌栄《しょうえい》の言葉が添えられている。現行の形になる前には数個の詩集があって、それらを集めて現在の形に編集されたものと見られる。それらの詩集とは次のようなものである。

（１）第一ダビデ集（三～四一篇）

最も古い詩集。ダビデ自身のものも入っていると考えられるが、多くはダビデのものではなくダビデに関連して歌われたものと思われる。抒情的《じょじょう》。個人的感情が豊かである。

（２）第二ダビデ集（五一～七二篇）

第一ダビデ集より起源は新しいとされる。これも全てがダビデのものとはいえない。一般的に捕囚の哀調を帯びている。

（3）コラ集（四二〜四九・八四・八五・八七・八八篇）
二つのダビデ集のあと編集されたもので、抒情的であるが格調高く尊厳的な表現が特徴である。
（4）アサフ集（五〇、七三〜八三篇）
コラ集と同じく格調高く尊厳的な表現が特徴であるが、一層深い捕囚の哀調を帯びている。ただし悲哀を突破し、最終的には勝利への確信に至っている。
（5）巡礼集（一二〇〜一三四篇）
都もうでの歌。エルサレム（第二神殿）巡礼の道中で歌われたもので、魅力的な抒情詩である。
（6）ハレルヤ集（一〇三、一〇七、一一七、一一八、一三五、一三六、一四六〜一五〇篇）
神をたたえる内容で、「主をほめよ」という言葉で特徴づけられる。
（7）その他、集をなさないもの
モーセ、ソロモン、ハマン、エタン、ダビデの名を冠したもの、また表題の書かれていないもの。

本書は、読んでみると分かるように単なる賛歌という側面だけでなく、旧約時代の人たちの祈りの文学であり、また信仰告白とでも言うべき内容をもっている。先人たちがどんな思いでヤハウェなる神と対し、また共に歩んで来たのか、中の一篇一篇からそれらを学び、味わいたいものである。

以下に有名な詩篇のいくつかを紹介しておきたい。「もろもろの天は神の栄光をあらわし、大空はみ手のわざをしめす。……その声も聞こえないのに、その響きは全地にあまねく、……」(一九)。「主はわたしの牧者であって、わたしには乏しいことがない。主はわたしを緑の牧場に伏させ、いこいのみぎわに伴われる。……たといわたしは死の陰の谷を歩むとも、わざわいを恐れません」(二三)。「門よ、こうべをあげよ、とこしえの戸よ、あがれ。栄光の王がはいられる」(二四)。「神よ、しかが谷川を慕いあえぐように、わが魂もあなたを慕いあえぐ」(四二)。「わたしは悪の天幕にいるよりは、むしろ、わが神の家の門守となることを願います」(八四)、「わたしは山にむかって目をあげる。わが助けは、どこから来るであろうか。わが助けは、天と地を造られた主から来る。……昼は太陽があなたを撃つことなく、夜は月があなたを撃つことはない」(一二一)。「涙をもって種まく者は、喜びの声をもって刈り取る。種を携え、涙を流して出て行く者は、束を携え、喜びの声をあげて帰ってくるであろう」(一二六)。「見よ、兄弟が和合して共におるのは、いかに麗しく楽しいことであろう」(一三三)——。

中には強い信仰的確信を表明するものもある。「主はわが岩、わが城、わたしを救う者、わが神、わが寄り頼む岩、わが盾、わが救いの角、わが高きやぐらです」（一八・二）。また時には切実に訴えるものもある。「主よ、起きてください。なぜ眠っておられるのですか。目をさましてください。……なぜあなたはみ顔を隠されるのですか」（四四・二三〜二四）。そして呪いに満ちているものも。「彼の上に悪しき人を立て、訴える者に彼を訴えさせてください。……その子らをみなしごにし、その妻をやもめにしてください」（一〇九）。また一方では歴史的な出来事を朗々と歌い、それらを通して神の恩寵をたたえるものもある。「神は海を分けて彼らを通らせ、水を立たせて山のようにされた。昼は雲をもって彼らを導き、……マナを降らせて食べさせ……肉をちりのように降らせ……」（七八・一三〜二七）。

その他、構造上ユニークなのは一一九篇で、詩篇中最長の一七六節あり（口語訳で十ページに及んでいる）、全体を二十二のグループに分け、各グループにはヘブライ語のアルファベット——アレフからタウまで全二十二文字——が（番号のように）付された形となっている。そして各グループはすべて、八つの節からできており、しかも原文では各八つの節はすべて付された文字から始っている。また一方、一番短いのは一一七篇でわずか二節である。ただしこれは、どれかの詩篇の断片とも考えられている。

18　箴《しん》　言《げん》

一般的に旧約聖書では、ヨブ記、箴言、伝道の書の三書は知恵文学として分類されるが、本書はその典型的な一書である。知恵文学はもともとイスラエル民族特有のものではなく、古来広く近東諸国で見られた生活上の教訓を集めた文学である。それがイスラエル民族にあっては、根底に神信仰を伴った生活上の教訓となっているところに特徴がある。

本書は、ヘブライ語原典では「比較」という意味をもつ「マーシャル」という名称が付けられているが、それは、本書が身近なものと比較しながら生活の教訓を授けようとしているからである。「箴言」という名称は漢語訳聖書から取られたもので「箴」は「鍼《はり》」に通じ、鍼は病気を治すために用いられるところから、箴言は心の病気を治す言葉、すなわち教訓となる言葉という意味をもっている。

本書は伝説的にはソロモンの作と考えられてきたが、実際は長い時間をかけて収集されたもので、今のような形になったのはＢＣ二五〇年頃と考えられている。収録されているものの多くは捕囚以後の作といわれるが、それは捕囚以後ユダヤ教のラビたちは青年の教育のため盛んにこの〝知恵〟を教えたからである。本書の内容は、基本的には個人的な生活に関する教訓で、歴史的、世界的テーマに言及されないのが特色である。

本書は、もともと存在していた七つの教訓集をまとめたもので、それらは次のような順序で配列されている。
（1）「知恵の賛美」（一・一〜九・一八）
次に来る本論に対し序論的意味で置かれている。特に青年向けで、流血と姦淫《かんいん》が戒められている。
（2）「ソロモンの箴言」（一〇・一〜二二・一六）
本書の中心部である。
（3）「知恵あるものの言葉」（二二・一七〜二四・三四）
エジプトの知恵の書「アメン・エム・オペの教訓」の影響があるといわれる。
（4）「ソロモンの箴言・続篇」（二五・一〜二九・二七）
ヒゼキヤ（善王とされる南朝後期の王）の家臣が編集したものとされる。
（5）「ヤケの子アグルの箴言」（三〇・一〜三三）
正統派箴言とは対照的に自己を卑下する側面をもち、また表現もユニークである。

（6）「レムエル王の言葉」（三一・一～九）

アラビヤの箴言集からの影響があるといわれる。

（7）「賢き婦人の歌」（三一・一〇～三一）

理想の母が主題。

本書の中から、いくつか紹介してみると、「主を恐れることは知識のはじめである」（一・七）、「野菜を食べて互に愛するのは、肥えた牛を食べて互に憎むのにまさる」（一五・一七）、「あなたのなすべき事を主にゆだねよ、そうすれば、あなたの計るところは必ず成る」（一六・三）、「あからさまに戒めるのは、ひそかに愛するのにまさる」（二七・五）。

なかには我々が親近感を覚える次のようなものも。「正しい者は七たび倒れても、また起きあがる……」（二四・一六）。「もしあなたのあだが飢えているならば、パンを与えて食べさせ、……水を与えて飲ませよ」（二五・二一）。「近い隣り人は遠くにいる兄弟にまさる」（二七・一〇）。

一つおもしろいのは、人生を真正面から論ずる正統派箴言に対し、それを補正するかのように若干斜めに構えた「ヤケの子アグルの箴言」が巻末のほうに置かれていることである。その中でアグルは「貧しくもなく、また富みもせず、ただなくてはならぬ食物でわたしを養ってください」（三〇・八）と祈っている。なぜ彼はそう願うのかと言えば「飽き足りて、あなたを知らないといい、『主とはだれか』と言うことのないため、また貧しくて盗みをし、わたしの神の名を汚《けが》すことのないため」（三〇・九）だからと言うのである。何かほっとするような、また、はっとするような〝味〟のある表現である。

19 伝道の書

本書も旧約の知恵文学の一書である。本書はソロモンが書いたという形をとっているが、実際は「伝道者」と自称する無名の人物によって書かれたものである。書かれた年代はＢＣ二〇〇年前後と推定されている。というのは文中に秩序の乱れや無政府的な社会の姿が映っており、これはギリシャ支配の時代を示しているものと思われるからである。

ユダヤ人にとってギリシャ時代は、捕囚後、神殿は再建され律法が公布されて体制は整ったものの、すぐさま目に見える繁栄が訪れず、全てに懐疑的、厭世《えんせい》的にならざるを得ない時代であった。本書はそういう時代の思潮をよく反映しており、そのような荒廃した社会情勢の中で、人々に真に生きるべき道（知恵）を教えようとして本書は書かれたのであろう。

本書の「伝道の書」という名称と、本書の内容との間に若干の違和感があるが、ヘブライ語原典では本書の名称は「コヘレトの言葉」で、このコヘレトは「人を集めて語る者」と言う意味があるとされる。そこには厳密な意味での未信者に教えを伝えるという意味での「伝道」という意味は含まれていない。

それにしても本書の著者ほど冷徹に人生を見つめ、その意義を見極めようとした人物は旧約の中でも珍しいとされる。その冷徹さゆえそこから出てくる内容は、一見懐疑的、厭世的に聞こえるが、それは読者の意識を真の人生の意義に向けさせるための誇張とも解せないことはない。

冒頭にある「空の空、いっさいは空である」（一・二）という言葉はあまりにも有名である。このような一種の無常観は〝東洋人〟の心にもストレートに通ずるもので、聖書の中でも一歩踏み込んだユニークな信仰的視点を提供している。三章の「すべてのわざに時がある。生るるに時があり、死ぬるに時があり、……」（三・一〜九）も有名。また一二章の「あなたの若い日に、あなたの造り主を覚えよ」（一二・一）は、信仰の勧めとして伝道集会でよく引用される聖句である。

本書は全体的に流れがつかみづらく、様々な次元からの人生への考察を脈絡なくつなぎ合わせたという観があり、多くの注解者もそれは認めている。また後世の加筆と考えられる部分もあり、著者を複数とする説すらある。したがって本書はあまり脈絡にとらわれず、各部分を霊的思索の対象として読むのも一つの読み方といえる。

20 雅歌

本書の名称は、ヘブライ語原典では「歌の歌」となっている。内容が男女の愛を中心としたものであるため、本書も正典編集の際、その中に入れるべきか問題となった書物の一つである。最終的にラビ・アキバの主張が通って正典の中に入れられた。すなわち男女の愛と宗教性との関係が問われたわけであるが、旧約ではヤハウェとイスラエル民族との関係が夫と妻との関係(ホセア二・一六)で、また新約でもキリストと教会(信徒)との関係が花婿と花嫁との関係(黙二一・九)で表現されるように、本書も神と人間との関係を男女の関係で示そうとしたものとされる。本書もまた聖書の中では一つのユニークな書物で、伝道の書などと共に聖書の内容をより幅広く豊かにするのに一役かっている。

本書は伝道の書と同じくソロモンの作という形をとっているが、ソロモンの作とは考えられない。というのは後世の文学の特徴であるアラム語、ギリシャ語、ペルシャ語などの混入が見られることや、後世になってようやく知られるようになった香料の名などが使われているからである。学者たちはＢＣ三〇〇～二五〇年頃の作と考えている。

本書は「どうか、あなたの口の口づけをもって、わたしに口づけしてください」（一・二）という艶やかな一文から始まり、以下のように愛の歌は続く。「わたしの上にひるがえる彼の旗は愛であった」（二・四）、「わが愛する者よ、わが麗しき者よ、立って、出てきなさい。……我々のぶどう園は花盛りだから」（二・一〇～一五）、「見よ、あなたは美しい、見よ、あなたは美しい」（四・一）。

ところで五章には一人の女が、愛する人の姿を求めて、なりふりかまわず夜の街を彷徨《ほうこう》する場面が出てくる。彼女は通りすがりの町の娘たちに言う「エルサレムの娘たちよ、わたしはあなたがたに誓って、お願いする。もしわが愛する者を見たなら、わたしが愛のために病みわずらっていると、彼に告げてください」（五・八）と。病むくらいに我々もまた、神の愛にハングリーでありたいものである。

本書をもって、旧約の詩文書は終わり、以下預言書に入っていく。

21　イザヤ書

預言書を学ぶに当たり「預言者」という言葉について確認しておきたい。聖書で使われている「預言者」は「予言者」とは区別され特別の意味をもっている。すなわち預言者の「預」は「あずかる」という意味で、預言者とは神から言葉を預かり、神に代わって人に伝える者という意味をもっている。したがって、そこには未来を予測するという「予言」の意味は含まれていない――ただし、預言の中にはしばしば予言も含まれるが――。

ところで、旧約聖書でいわゆる預言者といわれる人たちが出てくるのはBC九世紀、南北王朝分立時代の頃からである。その先駆けとなったのはエリヤで、彼が火の車と火の馬でつむじ風に乗って昇天して逝ったのち、弟子エリシャがその使命を引き継いだ。この二人は共に北朝の人で、旧約の預言者運動は北朝からスタートしたのであった。ただし、この二人の先駆的預言者は、他の預言者のように彼らの言行が一つの独立した書物として残されなかったため、彼らに関する事柄は歴史書（列王紀、歴代志）からしか知ることができない。

一方、その預言者の言行が一つの書となって残されている預言者――このような預言者を「文書預言者」または「記述預言者」と呼ぶ。これは文書を書き残した預言者という意味ではなく、その預言者の名前が冠された書物が残されている預言者という意味である――の最初の人はアモスで、それ以後の預言者についてはそれぞれの名が冠された書物が残されるようになった。

さて前置きが長くなったが、本書イザヤ書の話に入っていきたい。前述のように預言者運動は北朝からスタートしたが、北朝の滅亡が目前に迫ってきたＢＣ八世紀中頃からは、南朝でも本格的な預言者運動が始まった。その最初の預言者がイザヤである。イザヤはヘブライ語で「ヤハウェは救い」の意である。彼は、南朝の王ウジヤの死んだ年（ＢＣ七四二年）に神の召命を受けたが（六・一〜一〇）、その後の四十年という長い預言者生活や、またその働きの大きさから見て、旧約中最大の預言者とされる。彼は〝神の聖〟を強調して「神の聖の預言者」と呼ばれる。「聖なるかな、聖なるかな、聖なるかな、万軍の主、その栄光は全地に満つ」（六・三）というイザヤの召命の時の言葉は有名である。北朝とともに南朝も堕落していく姿を見て、彼は何よりもまず神の聖を強調し、そこに立ち返れと叫ばざるを得なかった。

イザヤの生きている間に三つの大きな亡国の兆しともいうべき事件が起こった。その一つは北朝がシリヤと組んで南朝を攻めてきたことであり（ＢＣ七三四）、二つめは兄弟国家北朝の滅亡である（ＢＣ七二二）。そして三つめはアッシリヤの王セナケリブが大軍を率いて南朝に攻めてきたことであった（ＢＣ七〇一）。アッシリヤの大軍が攻めてきた時は奇跡的に国家の滅亡は免れたが、彼が生きていた時代は、正に南朝にとって風雲急を告げる時代であったのである。

イザヤはこの国難の時代に、北朝が攻めてきたときはアッシリヤに、アッシリヤが攻めてきた時はエジプトにと、外的なものに頼ろうとする時の王に対し、真に頼るべきは神であることを強調した（七章、三一章）。しかしながら、王たちはイザヤの声に耳を傾けなかったので、彼の預言は必然的に神の審判を説くところとなった。そして、その審判に耐えて残った者が希望の基となるという「残りの者」（一〇・二〇）の思想がそこから出てくるのである。またこの「残りの者」の思想を基盤として、「メシヤ待望」（九・一〜）の信仰や「インマヌエル」（七・一四）の思想――〝神、共にいます〟という意味で、マタイ福音書はメシヤ（イエス）の誕生をこの聖句の成就としている（マタイ一・二三）――が出てくるのである。

二章二〜四節は、有名なイザヤの絶対的平和思想である。「終《おわ》りの日に次のことが起《おこ》る。……こうして彼らはそのつるぎを打ちかえて、すきとし、そのやりを打ちかえて、かまとし、国は国にむかって、つるぎをあげず、彼らはもはや戦いのことを学ばない」。三章は上流社会への痛烈な非難。六章には幻想的なイザヤの召命のシーンが記されている。神の臨在を示す煙が神殿に充満し、六枚の翼を持つ天使（セラピム）が飛び交う中、「わたしはだれをつかわそうか」とつぶやく神の声をイザヤは聞いた。これに対し彼は、「ここにわたしがおります。わたしをおつかわしください」（六・八）と答えるのである。

七章では「インマヌエル」の思想が述べられる。「見よ、おとめがみごもって男の子を産む。その名はインマヌエルととなえられる」（七・一四）。ここでの「おとめ」という言葉は、従来処女降誕の預言とされることもあったが、原文の「おとめ」は、「結婚適齢期の若い女」を意味し、必ずしも〝処女〟を意味しない（『旧約聖書略解』日本基督教団出版局、イザヤ書の項）。そして九章には有名なメシヤ誕生の預言がある。「ひとりのみどりごが……生れた、……その名は、『霊妙なる議士、大能の神、とこしえの父、平和の君』ととなえられる」（九・六）。この聖句は統一運動が、本来メシヤは天の真理に通じた知者（霊妙なる議士）であり、実体の神（大能の神）であり、また真の父（とこしえの父）であり、平和の王（平和の君）と唱えられるべき存在である、とする主張と完全に一致する。

一〇章二〇節以下は「残りの者」の思想。そして一一章以下は来るべきメシヤ王国の預言である。「おおかみは小羊と共にやどり、……ししは牛のようにわらを食い……、乳離れの子は手をまむしの穴に入れる」（一一・六〜八）は有名であるが、これに続く「水が海をおおっているように、主（神）を知る知識が地に満ちるからである」（一一・九）という聖句にも注意を向けたい。一三章九節以下には新約に見られる終末預言（天変地異）の原型と見られる部分があり興味深い。

一四章の「黎明《れいめい》の子、明けの明星よ、あなたは天から落ちてしまった……」（一四・一二）は、当時カナンに流布していたウガリット神話が背景にあり、そこには明けの明星が天空に上って行くが、後から出てくる太陽に消され天から落とされる物語が記されている。この聖句は直接的には圧制者への没落の挽歌《ばんか》とされるが、それを通して堕落した天使＝サタンにまで言及しているとする見方もある。三五章は来るべき神の国の美しい描写である。「荒野《あらの》と、かわいた地とは楽しみ、……さふらんのように、さかんに花咲き、……それは荒野に水がわきいで、さばくに川が流れるからである」（三五・一〜六）。

＊

ところで本書は、学者たちの研究により、三人の預言者の預言を後世の人たちが一つの書物にまとめたものであることが分かってきた。実はここで取り上げている南朝で活躍したイザヤに関する内容は一章から三九章までの部分で、次の部分すなわち四〇章から五五章までは、学者たちによって第二イザヤと命名され、捕囚末期（BC五四〇年頃）にバビロンで活躍した無名の預言者の預言なのである。学者たちがこのように両者を区別する理由は、第一に南北王朝分立時代のイザヤが知っているはずのない捕囚中のペルシャ王クロスの名前が第二イザヤの預言に出てくるからであり（四四・二八〜四五・一）、第二に審判を強く訴えるイザヤの論調に対し、第二イザヤは神の慰めを強調しており、両者の論調が全く違っていて同一人物とは考えられないからである。

さてこの第二イザヤは、無名の預言者にもかかわらず彼の思想の深さにおいて預言者の最高峰ともいわれる。彼は、捕囚の地にあるユダヤ人に対し苦悩の終わりを告げ、慰めと救いの希望を力強く説いた預言者であった。第二イザヤの冒頭は、まさしく神の直接的な慰めと、苦悩からの解放の言葉から始まっている。「あなたがたの神は言われる、『慰めよ、わが民を慰めよ、ねんごろにエルサレムに語り、これに呼ばわれ、その服役の期は終《おわ》り、そのとがは既にゆるされ、そのもろもろの罪のために二倍の刑罰を主の手から受けた』」（四〇・一～二）。そして希望の未来に民の心を向けさせる。「呼ばわるものの声がする、『荒野に主の道を備え、さばくに、我々の神のために、大路をまっすぐにせよ』」（四〇・三）。

また第二イザヤに見る神は、アブラハムを親しげにわが友と呼び、自信に満ちてイスラエルの民に励ましと自覚を促す。「わが友アブラハムの子孫よ、……恐れてはならない。わたしはあなたと共にいる。驚いてはならない、わたしはあなたの神である」（四一・八～一〇）。また一方、第二イザヤは、ペルシャ王クロスを「わが牧者」（四四・二八）、「わが受膏者《じゅこうしゃ》クロス」（四五・一）と呼ぶ。彼は、異邦の王の背後にも神のみ手の働いていることを認めるだけの広い視野と度量をもっていた。

さて四二章からは、「主の僕《しもべ》の歌」（四二・一〜四、四九・一〜六、五〇・四〜九、五二・一三〜五三・一二）と呼ばれる第二イザヤ独特の思想が分散して現れる。その最初のものが新約聖書（マタイ一二・一八〜）にも引用されている次の部分である。「わたしの支持するわがしもべ、……彼は……傷ついた葦《あし》を折ることなく、ほのぐらい灯心を消すことなく、真実をもって道をしめす。……」（四二・一〜四）。そしてそれらの中の特に有名なのは以下に抜粋する「苦難の僕の歌」（五二・一三〜五三・一二）と呼ばれる部分である。「彼は侮られて人に捨てられ、悲しみの人で、病を知っていた。……まことに彼は我々の病を負い、我々の悲しみをになった。しかるに、我々は思った、彼は打たれ、神にたたかれ、苦しめられたのだと。……彼はみずから懲らしめをうけて、我々に平安を与え、その打たれた傷によって、我々はいやされたのだ」（五三・三〜五）。

ここでの〝しもべ（彼）〟についてはいろいろな考え方があるが、第二イザヤは捕囚で苦悩する選民イスラエルを「苦難の僕」と捉え、その中に人類の罪の贖《あがな》いのため苦悩の道を歩み万民に救いの道を開かんとするメシヤの姿を見ようと（預言）したのである。

ところで学者たちはイザヤ書の最後の部分をもって第三イザヤなる預言者の存在を指摘する。それは五六章から六六章までの部分で、この部分は第二イザヤとも文体が異なっていること、またその中では第二イザヤでは取り上げられない社会問題が取り上げられていること、などがその理由である。この部分では神殿を中心とする儀式などが強調されており、第三イザヤは、第二神殿建設（ＢＣ五一五）以後、すなわちＢＣ五〇〇年頃パレスチナで活躍した人物と考えられている。

六〇章は「復興するエルサレムの栄光」についての有名な部分。六五章、六六章は「新天新地の待望」を歌った感動的な歌で新約聖書の黙示録二一章を連想させる。「見よ、わたしは新しい天と、新しい地とを創造する」（六五・一七）。またそこには「百歳で死ぬ者も、なお若い者とせられ、百歳で死ぬ者は、のろわれた罪びととされる」（六五・二〇）とも記されている。来るべき神の国を表現するに過激である。

22　エレミヤ書

エレミヤは南朝の預言者で、ヨシヤ王の第一三年（ＢＣ六二六）に神から召命を受け、その後四十年という長い預言者生活を送った。エレミヤはイザヤと並ぶ大預言者である。特に彼は南朝にあってエルサレム陥落（ＢＣ五八七）の時まで神の声を叫び続けた預言者として有名である。

しかしながらエレミヤの主張は、その時の王や民衆に理解されず、彼は生涯、迫害と苦悩の中に闘い続けた預言者であった。〝エレミヤ〟とはヘブライ語で〝ヤハウェは建てる〟または〝ヤハウェは高く上げる〟の意である。

本書の内容は次のように分けることができる。

(1)南朝ユダとその首都エルサレムに関する預言(一～二五章)

(2)弟子バルクによるエレミヤ伝(二六～四五章)

(3)諸外国に対する預言(四六～五一節)

(4)歴史的付録(五二章)

第一章のエレミヤ召命時の神の言葉は有名である。「わたしはあなたをまだ母の胎につくらないさきに、……あなたを聖別し、あなたを立てて万国の預言者とした」(一・五)。召命を受けて五年後にヨシヤ王による宗教改革が始まるが、王の死により改革は挫折する。ヨシヤのあと、エホアハズに続いてエホヤキムが王になったが、この時、新バビロニヤが南朝ユダの前に脅威として迫ってきていた。エレミヤはエホヤキムに、新バビロニヤと親交を結ぶことが神意であり、それ以外に南朝ユダの生きる道がないことを説いた(二七・一二)――かつて神の聖に帰れと説いたイザヤの時とは、時代も状況も異なってきていた――。

しかし王や国粋主義者たちは彼の声を聞かず、エジプトと手を結ぼうとする。そのため敵国への隷属を勧めるエレミヤは、人々から売国奴としてののしられ迫害の日々を送った。神に反逆する民は罰せられず、神の言葉を説く自分は苦悩に中にある。その現実の前に彼は「悪人の道がさかえ、不信実な者がみな繁栄するのはなにゆえですか」（一二・一）と神に叫ばざるを得なかった。エレミヤによる神義論である。

エレミヤは、ホセアの影響を受け神の愛を説きつつも（三・一二）、神意に従わない南朝ユダには国家滅亡と神の審判を強調せざるを得なかった。それがまた、為政者や国民からの反発を買い、彼は一層激しい迫害の中に置かれることになったのである。彼の苦悩は、「悩みの歌」（二〇・七～一八）と呼ばれる部分に記されているが、ついにエレミヤは悩みの極致に達し「わたしの生れた日はのろわれよ。母がわたしを産んだ日は祝福を受けるな」（二〇・一四）とまで叫んでしまう。

しかしそのような苦悩の中でも、彼は神の愛と希望について語ることを忘れなかった。「慰めの書」といわれる三〇章、三一章がそれで、この中で彼は、最終的に神との「新しい契約」に基づく希望の日の到来することを預言している。「見よ、わたしがイスラエルの家とユダの家とに新しい契約を立てる日が来る。……わたしの律法を彼らのうちに置き、その心にしるす。

わたしは彼らの神となり、彼らはわたしの民となる……それは、彼らが小より大に至るまで皆、わたしを知るようになるからであると主は言われる」(三一・三一～三四)。神学上の「新約」という概念は、旧約ではここから始まっている。

エホヤキム王の第四年に、エレミヤは神から一つの命令を受ける。それはこれまで受けてきた神の言葉を全て書き記し、民の前に告げ知らせよというものであった。エレミヤは弟子のバルクを呼び、自分の口述した内容を彼に書き取らせ、それを神殿の庭にいる人たちの前で読ませた(三六・一～一〇)。ところでその内容は、役人たちの知るところとなったが、そこには警告の意味を込め、これから神が南ユダに下そうとする様々な災いについて書かれていた。その内容に恐れを抱いた役人は、王に報告するためバルクからその巻物を受け取り、王の前でそれを読み上げようとする。ところが、このときエホヤキムは怒りをあらわにし、「三段か四段を読むと、王は小刀をもってそれを切り取り、炉の火に投げいれ、ついに巻物全部を炉の火で焼きつくし」(三六・二三)てしまうのである。その結果エレミヤは神から、南ユダへの災いが現実のものとなることを告げられるのである(三六・二九～三一)。

さて、南朝最後の王となったゼデキヤの時代に、エレミヤは私用があってエルサレムの町の門を出ようとするが、番兵に敵側への逃亡と思われその場で捕まってしまう。彼は地下牢に入れられ多くの日を過ごしたのち、王に嘆願して「監視の庭」に移してもらった。ところがエレミヤはそこでもまた、敵の来襲を告げ新バビロニヤへの降伏を叫ぶのである。役人たちはこのままにしておけば国民の士気にかかわるとし、王に願いでてエレミヤをその庭に掘ってある深い穴の中に投げ入れてしまう。エレミヤは穴の底で泥の中に沈み死にそうになるが、王の家の一人の宦官《かんがん》によりやっと助け出されたのであった（三八・一〜一三）。

そして、ついに神の審判が現実となる日がやって来た。新バビロニヤは、エジプトと結んで反抗しようとする南朝ユダに怒りを発し、首都エルサレムを包囲、ついにＢＣ五八七年、不落の神の都と信じられてきたエルサレムは陥落する。エレミヤはエルサレム陥落後、捕囚を免除されたのでそこに残って活動を続けようとするが、避難しようとする人々に強いられエジプトに行った（四三・一〜七）。そして、そこで殉教したとされる。

23　哀　歌

哀歌という書名は七十人訳聖書から始まっており、日本語訳もここから取られた。ヘブライ語原典では最初の言葉「ああ」が書名となっている。哀歌は、「エレミヤの哀歌」と呼ばれることがある。それは本書が、エレミヤによって書かれたという伝説に基づくもので、本書がエレミヤ書の次に置かれているのもこの伝説に基づいているためである。しかしながら最近の研究の結果、思想的内容や文体から見て、本書がエレミヤの作品ではないことが分かってきた。

学者たちの研究によればこの歌は、三人の無名の詩人により作られたらしいという。一人は捕囚直後パレスチナに残された人物で、彼は二章と四章を書いた。彼はエルサレムの惨状をよく伝えており、またそれを嘆いている。「主は激しい怒りをもって、イスラエルのすべての力を断ち、……周囲を焼きつくす燃える火のように、ヤコブを焼かれた」(二・三)。二人目は捕囚期の中頃か終わりに近づいた頃パレスチナにいた人物で一章と五章を書いた。その内容はかなり時間が経過し、苦悩の終わることを嘆願する祈りになっている。「なぜ、あなたは我々をながく忘れ、我々を久しく捨ておかれるのですか。主よ、あなたに帰らせてください」(五・二〇〜二一)。そして三人目の人物は三章を書いた人物で、捕囚から帰ってきた直後の人物と考えられる。彼は捕囚の地で受けた苦悩を神からのものと受け止め、自らの罪を反省している。「わたしは彼の怒りのむちによって、悩みにあった人である。……生ける人はどうしてつぶやかねばならないのか、人は自分の罪の罰せられるのを、つぶやくことができようか。われわれは、自分の行いを調べ、かつ省みて、主に帰ろう」（三・一〜四〇）。そしてこの三人目の人物が全体を編集したと考えられている。とするなら本書の編集は捕囚が終わったあとの時期ＢＣ五世紀頃といえる。

いずれにしても本書は、民族の悲哀を経験した人物たちによって書かれもので、国を失った者の悲しみを強く訴えている。

24　エゼキエル書

エゼキエルは第一回バビロン捕囚のとき捕囚となり、エルサレム陥落の少し前に捕囚の地で神の召命を受けたとされる（一・一〜三）。ただし本書前半のユダやエルサレムに関する記述が細部にわたっていることもあり、一時帰国して活動したとする説や捕囚は第二次バビロン捕囚のときで、それまではエルサレムで活動したとする説などもある。いずれにしても、エレミヤがエルサレム陥落までを担当するため召された預言者であったとすれば、エゼキエルは捕囚された民を指導し激励するために召された預言者であった。〝エゼキエル〟とはヘブライ語で「神が強くする」の意である。

エゼキエルの生涯はエレミヤに比べると平穏であった。彼は捕囚の地で二十数年にわたり活動したが、彼の情熱ある預言の言葉は悲嘆の中にある捕囚の民に大きな励ましと勇気を与えた。ユダヤ人たちは彼のおかげで捕囚の地でも信仰を失わずに済んだのである。

本書の内容は次のように分けることができる。

（1）ユダとエルサレムに対する審判（一〜二四章）

（2）諸外国に対する預言（二五〜三二章）

（3）イスラエルの回復（三三〜四八章）

エゼキエルは祭司の出身で、彼の預言は祭司的で律法を重視する特徴をもっている。しかしまた一方、彼の預言は幻と象徴を語るという神秘的な一面があり、ユダヤ教独特の黙示文学的表現はこのエゼキエルから始まるといわれる。我々がヨハネの黙示録などで見る表現なども、本書にその原点を見ることができる。例えばエゼキエルの見た〝回復されたエルサレム〟の幻は、次のように記されている。「川のかたわら、その岸のこなたかなたに、食物となる各種の木が育つ。その葉は枯れず、その実は絶えず、月ごとに新しい実がなる。これはその水が聖所から流れ出るからである」（四七・一二）。この聖句はヨハネの黙示録二二章に出てくる「いのちの水の川」を連想させる。

エゼキエルは召命されたあと、南朝ユダが滅亡するまではその罪を責めた（一～二四章）。彼は幻の中でエルサレムに連れて行かれ、民たちが偶像に仕えている姿を見せられる。そのとき神の言葉が彼に臨んだ。「人の子よ、あなたはこれを見たか。……これらの憎むべきわざは軽いことであるか。……それゆえ、わたしも憤って事を行う。わたしの目は彼らを惜しみ見ず、またあわれまない」（八・一七～一八）。

しかし南朝滅亡のあとは、彼は捕囚の地にあって民をよく励ます預言者となった。彼は切々と訴える神の心情を伝え、また未来には解放と希望の日が来るとの励ましの言葉を語った。「あなたがたは心を翻せ、心を翻してその悪しき道を離れよ。イスラエルの家よ、あなたはどうして死んでよかろうか」（三三・一一）。「わたしはあなたがたを諸国民の中から導き出し、万国から集めて、あなたがたの国に行かせる。……わたしは、あなたがたのすべての罪を清める日に、町々に人を住ませ、その荒れ跡を建て直す。……そこで人々は言う、『この荒れた地は、エデンの園のようになった……』と」（三六・二四～三五）。

二八章はツロの君への預言の言葉であるが、イザヤ書一四章などと同じくそれを通してサタンにまで言及しているとも解される部分である。「あなたは神の園エデンにあって、もろもろの宝石が、あなたをおおっていた。……あなたの中に悪が見いだされた日まではそのおこないが完全であった」(二八・一三～一五)。三七章でエゼキエルは、エレミヤの「新しい契約」の思想を受け継ぎ発展させて「永遠の契約」(三七・二六)を唱える。同じ章の「枯れた骨の谷」の幻(三七・一～一四)は有名である。彼は神の霊により、とある谷に導かれる。その谷には「はなはだ多くの骨があり、皆いたく枯れていた」(三七・二)。エゼキエルは神の命によりこれらの骨に預言すると「動く音があり、骨と骨が集まって相つらなった。……その上に筋ができ、肉が生じ、皮がこれをおおった……」(三七・七～八)というのである。そして彼らはついに生き返り、大いなる群衆となる。そこで神の声が聞こえる。「人の子よ、これらの骨はイスラエルの全家である」(三七・一一)。

25 ダニエル書

本書はダニエルの預言が書かれたものではなく、ダニエルの名を冠して書かれた書物である。ダニエルについては、エゼキエル書(一四・一四)に出てくるほかは旧約聖書の中に記録はなく、ヨブなどと共に伝説的な人物である。作者はダニエルの名を借り、過去の伝承や自己のインスピレーションをもとに本書を書いたものと思われる。〝ダニエル〟とはヘブライ語で「神がさばく」の意である。

本書の書かれた年代は、物語の舞台となっている捕囚時代ではなく、それより後の時代と考えられている。というのは捕囚時代の歴史的な記述が不正確であるからで、例えば冒頭、エホヤキム王の第三年と記されているが、この頃はまだ捕囚はなされていなかった。また五章二節のベルシャザルはネブカデネザルの子ではなくナボニダスの子である。このように当時の記述があいまいなのに対しギリシャ時代の記述は正確になってくる。またギリシャ時代に使用されていたアラム語が一部使用されている。このようなことから本書は捕囚後のＢＣ二世紀頃書かれたものと思われている。またヘブライ語原典でも本書は、他の預言書が収録されている『預言者』に入れられておらず、後期の編集と思われる『諸書』の中に入れられており、このことからもそれがいえる。

本書の書かれたギリシャ時代は強い迫害下にあった。そのような迫害下にあるユダヤ人に対し、励ましと慰めを与えるため本書が書かれたものと考えられている。本書には捕囚の地にあっても勇ましく信仰に生きる青年たちの姿とともに、悪が罰せられ救いが実現する終末の時代やメシヤ来臨と神の国到来などのメッセージが力強く述べられている。

本書の内容は次のように分けることができる。

（1）物語の部　（一～六章）

バビロンでのダニエルと三人の友人の活躍と奇跡の物語

（2）黙示の部（七～一二章）

幻による世界の未来と終末、神の国に関する黙示

ところで本書は、いわゆる幻や象徴をもって書かれている典型的な黙示文学である。このような黙示文学は常に迫害下にあって書かれ発展してきた。その理由はこのような表現形式は、迫害下ではあからさまに書けないことを幻や象徴をもって表現することができ、また読む者に豊かなイマジネーションとインスピレーションを与えることができるからである。事実本書は当時の迫害下のユダヤ人だけでなく、その後の迫害時代のキリスト教徒にも大きな力と勇気を与えてきたのである。

さて本書は前述したごとく、話の舞台を書かれた時代から遡って捕囚時代のバビロンに置き、前半ではその時代の出来事を記録する形を取り、後半はその後に起こった出来事をその時代から預言する形で書かれている。例えば七章には未来の出来事として四匹の獣の話が出てくるが、第一の獣はバビロニヤ、第二の獣はメデヤ、第三の獣はペルシャ、第四の獣はギリシャを表しており――第二の獣をペルシャ、第三の獣をギリシャ、第四の獣をローマとする見方もあるが

一般的ではない――、これらは本書が書かれた時には既に過去になっていた国々で、それらを今後興る国々として預言する、という形をとっている。

前半の物語の部では、ダニエルと三人の友人の凛々《りり》しくも頼もしい物語が展開する。彼らはユダの地から捕囚の民となりバビロンに来ていた。ところでバビロニヤの王ネブカデネザルは、王宮に仕えさせるため捕囚の民の中から有能な青年を選び出したが、その中にダニエルら四人が入っていたのである。

ある日、王は気になる夢を見たので、その意味を知ろうと全国から博士や魔術士などを集め、その夢を解かそうとする。しかし誰も解けなかったので王は怒り、ダニエルらも含めた国中のすべての知者を滅ぼせと命令する。ダニエルとその同僚たちはこの危機的状況を知って立ち上がり、神に祈り求めて答えが与えられる。ダニエルは王の侍衛長に言った。「バビロンの知者たちを滅ぼしてはなりません。わたしを王の前に連れて行ってください。わたしはその解き明かしを王に示します」（二・二四）。王はダニエルの夢の解き明かしに感服し、またそれがダニエルたちの信じる神によって与えられたことを知って「まことに、あなたがたの神は神々の神」（二・四七）であると言い、ダニエルに高い位を授けるとともに、多くの褒美《ほうび》を与えたのであった。

このような物語のほか、本書にはダニエルの三人の同僚がふとしたことから罪に定められ、激しく火の燃えさかる炉に投げ入れられるが、彼らは平気で火の中を歩き回り、髪の毛一本も焼かれずに出てくる話（三章）や、王の前に不思議な人の指が現れ、その指が壁に書いた文字をダニエルが読み解く物語（五章）、またダニエルが策略にかかり、ししの穴に投げ入れられるが、翌日彼は無事に穴から出てきて王を驚かせる話（六章）など、思わず拍手を送りたくなるような物語が収められている。

後半七章からはダニエル書の本論というべき黙示の部分で、七章冒頭に出てくる四つの獣については前述したとおりである。九章は、捕囚に至るまでの民族の不信仰をざんげするダニエルの祈り。ここで少し気になるのは九章二六節の「メシヤは断たれるであろう」という預言であるが、学者たちによれば、これは直接イエスの受難を示したものではないという。というのはここでいうメシヤは大祭司を意味し——本来メシヤとは油注がれた者の意で、もともと王や祭司長に対しても用いられた——、また絶たれるという意味は殺されるという意味ではなく廃止されるという意味で、本書が書かれた時代すなわちアンティオコス四世統治下になされた正式な祭司制度の廃止（無視）を意味しているという。

一一章から「北の王」と「南の王」の話が始まるが、これはアレキサンダー大王の死後分かれた北のシリヤ・セレウコス王朝と南のエジプト・プトレマイオス王朝を意味しており、また一一章三一節の「荒らす憎むべきもの」とは、直接的には捕囚後再建されたエルサレムの神殿にゼウス像（偶像）を立て、またそれに豚を捧げて神殿を汚したアンティオコス四世――シリヤ・セレウコス王朝の王で最も激しくユダヤ人を迫害した――を示している。これらは予言の形を取っているが、すべてダニエル書が書かれる前に（すなわち過去に）起こった事件であった。

とは言ってもダニエル書を単なる黙示文学的な歴史書と見るのも誤りで、その中には黙示文学の特徴の一つである終末（未来）に関するメッセージ（インスピレーション）もまた明確に含まれている。例えば七章一三節には「見よ、人の子のような者が、天の雲に乗ってきて、日の老いたる者のもとに来ると、その前に導かれた」と記されているが、これは明らかに未来のメシヤ来臨のことを示している。また前述の「荒らす憎むべき者」（マタイ二四・一五）も新約聖書は終末に起こるべき事柄として本書から引用している。これはアンティオコス四世のサタン的行状の中に（を通して）、終末におけるサタンの業――統一運動でいう終末におけるサタンの発悪――を見た（間接的に預言した）ものということができる。そして最後の一二章はまさしく来るべき終末に関する希望の預言である。「その時あなたの民を守っている大いなる君ミカエルが立ちあがります。……その時あなたの民は救われます」（一二・一）。

26　ホセア書

ホセアは北朝の預言者で、北朝で活動したエリヤ、エリシャ、アモスの後を継いで、最後に活動した預言者である。彼は、名前が冠されている文書があるいわゆる文書預言者としては、アモスに次ぐ古い預言者で、ホセアとはヘブライ語で「救い」の意である。

ホセアは、北朝十三代目の王ヤラベアム二世の死（BC七四六）の数年前から、北朝滅亡（BC七二二）の直前まで約二十年にわたり活躍した。この時代は、ヤラベアム二世の死後次々と政権が交代し国力が急速に低下する中、国内の宗教的混乱と道徳的腐敗が著しく進行した時代であった。特にカナンの農耕宗教バアル礼拝のイスラエル民族への影響は深刻であった。このような亡国的状況を見て、ホセアはイスラエルの背信と腐敗を責め、神の審判到来の最終宣告をするが、また一方では、一縷《る》の望みを抱いて「イスラエルよ、あなたの神、主に帰れ」（一四・一）と叫んだ。

特にホセアは神の愛を、彼の特別な人生経験から強調したことで有名である。彼は神命に基づき不貞の女ゴメルを妻とした。妻が自分を捨てて他人に走った時、彼は銀十五シケルと大麦一ホメル半を持ってその妻をもらい受けに行った（三・二）。彼はそのことを通して、幾度となく背いては出ていくイスラエルの民を許し迎え入れようとする神の深い愛を知り、それを民に示そうとしたのである。

本書は以下のような内容からなっている。
（1）ホセアの体験と預言（一〜三章）
（2）イスラエルの不信、腐敗と審判（四〜一〇章）
（3）神の審判と救い（一一〜一四章）
ホセア書の神はユニークである。ホセアに対しては「姦夫《かんぷ》に愛せられる女、姦淫を行う女を愛せよ」（三・一）と強く迫る一方、他方では「この地には真実がなく、……人々は皆荒れ狂い、殺害に殺害が続いている。……しかし、だれも争ってはならない、責めてはならない、祭司よ、わたしの争うのは、あなたと争うのだ」（四・一〜四）と、まずは指導者としての祭司たちを責め、弱者である民をかばおうとする気遣いを見せる。

しかしながらいくら言っても悟らない民に、ついに最終的な神の審判が告げられる。「刑罰の日は来た。報いの日は来た。……エフライム（北朝）の子らはえじきに定められた。エフライムの子らを、人を殺すものに渡さなければならない」（九・七〜一三）。しかしそれでもまた一方では「わたしはイスラエルの幼い時、これを愛した。……歩むことを教え、彼らをわたしの腕にいだいた。……かがんで彼らに食物を与えた」（一一・一〜四）と語り、「エフライムよ、どうして、あなたを捨てることができようか。イスラエルよ、どうしてあなたを渡すことができようか」（一一・八）と親なる神の心は悩み、揺れ動くのである。

旧約の神はどちらかといえば厳しい神であるが、その中で神の深い愛の心情を伝えようとしたホセアは、貴重な預言者の一人であった。

27　ヨエル書

ヨエルについては本書以外、聖書のどこにも記載はなく何も分かっていない。ヨエルとはヘブライ語で「ヤハウェは神」の意である。本書は預言書の中では初めのほうに置かれているが、ヨエルは遅い時代の預言者で、ＢＣ四〇〇年頃の預言者と考えられている。その理由は、本書の中に捕囚帰還後の社会の特徴である祭司が指導者となっている姿（一・一三〜一四）などが見られるからである。

内容は以下のように分けられる。

（1）いなごの災害と悔い改めのすすめ（一・一〜二・二七）

（２）終末の審判と祝福（二・二八〜三・二一）

ある日イスラエルの国にいなごの大群がやって来て、すべてを食い尽くして飛び去っていった。ヨエルはこのことを通して「主の日」（終末）の近いことを預言する。全編を通して切迫感と緊張感の中に、終末の審判と祝福とが述べられる。

本書は短いが、二章二八節以下に見られるペンテコステの預言「その後わたしはわが霊をすべての肉なる者に注ぐ。あなたがたのむすこ、娘は預言をし、……」は、使徒行伝二章一七以下に引用されており、また二章三〇節以下の終末預言「主の大いなる恐るべき日が来る前に、日は暗く、月は血に変《かわ》る……星もその光を失う。……天も地もふるい動く……」は、マタイによる福音書二四章二九節に引用されているなど、新約聖書との関連は深い。

28　アモス書

アモスは前述したごとく文書預言者としては最初の人であり、したがって本書は預言書の中では最も古い預言書である。アモスとはヘブライ語で「重荷を負う者」の意である。

アモスはもともと南朝の人で、羊を牧し、いちじく桑の木を作る野の人（七・一四）であったが、天命を受けたとき、北朝の中心的聖所の町ベテルに行き力強く預言した。北朝では彼はエリヤ、エリシャに続いて活動した預言者であるが、その期間は長くなく数年程度とみられている。彼が活動したのは北朝後期ヤラベアム二世の時代（BC七五〇年頃）で、彼のあと、前出の預言者ホセアが出てきた。

アモスの時代は当時の国際的事情が味方して外敵の圧迫もなく、南朝、北朝とも一時期繁栄を回復した中興の時代であった。しかし両国とも訪れた物質的繁栄に心が緩み、それに溺れた結果、背後では道徳的腐敗と宗教的頽廃《たいはい》が進行した。特に北朝でのそれらは著しかった。その危機的状況を見てアモスは立ち上がったのである。彼は北朝社会の堕落を〝義なる神〟は決して許しておかないと警告し、徹底した神の刑罰を唱えた。

本書の内容は以下のように分けられる。

（1）周辺諸国民とイスラエルへの審判（一～二章）

（2）イスラエルの罪（三～六章）

（3）神の審判とイスラエル回復の希望（七～九章）

まず一章で周辺諸国であるダマスコ、ガザ、ツロなどへの神の審判の言葉が述べられ、二章に入ってイスラエルへの審判の言葉が述べられる。「イスラエルの三つのとが、四つのとがのために、わたしはこれを罰してゆるさない。これは彼らが正しい者を金のために売り、貧しい者をくつ一足のために売るからである。……」（二・六）。また、形骸化した祭儀に対しては「わたしはあなたがたの祭を憎み……聖会を喜ばない」（五・二一）とし、腐敗した上流階級には「わざわいなるかな、みずから象牙の寝台に伏し……いとも尊い油を身にぬり、ヨセフ（北朝）の破滅を悲しまない者たちよ……彼らは捕《と》らわれて、捕われ人のまっ先に立って行く」（六・四〜七）との断罪の言葉が述べられる。

そして最後まで神の言葉に聞き従おうとしないイスラエルの民に、最終的な刑罰の言葉が下される。「わが民イスラエルの終りがきた。……その日には宮の歌は嘆きに変《かわ》り、しかばねがおびただしく、人々は無言でこれを至る所に投げ捨てる」（八・二〜三）。――しかしそれでもなお、未来にはイスラエルに希望の日の訪れることが述べられる（九・一一〜一五）。

五章一八節から二〇節に見られる「主の日」の思想は、彼から出発するもので終末思想の始まりとして注目される。

29　オバデヤ書

本書は旧約聖書中、最も短い書で一章しかない。オバデヤとはヘブライ語で「ヤハウェの僕」の意である。オバデヤについてもヨエルと同じく本書以外一切不明である。いつ頃の人物なのかも明白ではない。内容から見て一人の人物の作とは考えにくく、オバデヤの名のもとにエドムに対する小預言が集められたものとも考えられる。

本書にはエサウの子孫であるエドム人――彼らは死海の南方に広がる地域に住んでいた――に対する憎悪と徹底的な神の審判が述べられている。それは実は創世記のヤコブとエサウの感動的な再会物語にもかかわらず、その後、ヤコブの子孫であるイスラエル人とエサウの子孫であるエドム人との間には心理的対立が継続してきたのであった。そのような歴史的流れの中で、イスラエルのエドムへの憎悪が――他の預言書にも断片的（エゼキエル二五・一二以下など）に見られるが――、一書をなしたのが本書とされる。

もともとイスラエル人にとって聖書に出てくるエサウは、粗野で威圧的で自分たちの先祖を苦しめた人物として良い心証を持ち得なかったようで、本書には次のように述べられている。「人はみな殺されてエサウの山から断ち除かれる。あなたはその兄弟ヤコブに暴虐を行ったので、……あなたは永遠に断たれる」（九〜一〇）。

また一方では、バビロンの王ネブカデネザルがエルサレムを攻略した時（南朝滅亡の時）、エドム人は兄弟民族としてイスラエルを助けようとはしなかっただけでなく、それを見て喜んだとして、彼らを非難するとともにその報いとしての神の審判が預言されている。「あなたは自分の兄弟の日、すなわちその災いの日をながめていてはならなかった。……これを喜んではならず、その悩みの日に誇ってはならなかった」（一二）。

本書の成立については、文書の内容から見てエルサレムが陥落したＢＣ五八七年からエドムの首都ペトラが陥落したＢＣ三一二年までの間が考えられるが、それ以上明確には年代を絞れない。

それにしても本書についてはイスラエルの〝言い分〟（憎悪）はちょっと過ぎてはいないか、との率直な印象を述べる聖書注解者もいるが、これも深遠なるところに神意があったと言うほかはない。

30　ヨナ書

本書はヨナに関して書かれたものではなく、ヨナという伝説的人物――列王紀下一四・二五に短い言及がある――に関する伝承を題材にして、作者のインスピレーションがまとめられた宗教文学である。本書の作者については全く不明であるが、成立の年代についてはニネベ（アッシリヤの首都）が既に過去の町（三・三）として表記されていることや一部にアラム語が用いられていることなどから、BC三〇〇年前後と考えられている。そういうわけで本書に歴史的価値は期待できないが、そこには選民につきものの偏狭な民族主義に対し世界的視野での救済と神の愛が説かれており、宗教文学の傑作とされる。ヨナとはヘブライ語で鳩《はと》の意である。

本書に出てくるヨナは、選民意識に凝り固まったイスラエル民族の代表ともいうべき性格をもっていて、悔い改めた異邦人（ニネベの人々）を神が赦《ゆる》そうとするのを快く思わない人物である。そのヨナを、神はとうごまをもって諭される。ひょうきんなヨナと、寛大で優しい神とのコントラストが見事である。捕囚後エズラやネヘミヤにより国粋主義的な宗教改革が断行されたが、本書はその行き過ぎに対する補正的な意味をもって出てきたものとも考えられている。

一章一七節以下には、有名な三日三晩大魚の中にいたヨナの話が出てくる。四章ではニネベに下そうとした災害を思いとどめた神に、こんな不快な思いをするなら「生きるよりも死ぬ方がましだ」（四・三）と激しく怒るヨナ、それに対し「あなたは労せず、育てず、一夜に生じて、一夜に滅びたこのとうごまをさえ、惜しんでいる。ましてわたしは……この大きな町ニネベを、惜しまないでいられようか」（四・一〇）と愛情を込めてなだめる神、両者のやり取りが絶妙である。

31　ミカ書

ミカは南朝中期、まだ南北両王朝が存在していた時代に活躍した南朝の預言者である。そういう意味では比較的古い預言者の一人と言える。南朝ではミカの前にイザヤが活動しており、ミカの活動期（おおよそBC七三〇～七〇〇年頃）はイザヤの後半と重なっている。〝ミカ〟はヘブライ語の〝ミカヤ〟の短縮形で「誰がヤハウェのようであろう」の意である。

本書の内容は、以下のように分けられる。

（１）審判の預言　（一章～三章）

（２）終末的栄光の預言（四章～五章）

（3）神と民との論争（六章～七章七節）

（4）礼拝式文（七章八～二〇節）

このうち（2）と（4）はミカのものではなく、捕囚末期か捕囚後に編集の段階で、それまで断片的に伝えられてきた預言が収集され付加されたものとされる。ミカの預言は、北朝の「正義」を強調したアモス、「神の愛」を訴えたホセア、そして南朝の「神の聖」を強調したイザヤなど、先輩預言者の特徴をよく総合している。それは彼の次の言葉によく表れている。「主のあなたに求められることは、ただ公義をおこない、いつくしみを愛し、へりくだってあなたの神と共に歩むこと（聖）ではないか」（六・八）。ただしミカはアモスやイザヤよりも強い口調で、特に支配階級の不正や堕落を追及した。「ヤコブの家のかしらたち、イスラエルの家のつかさたちよ、すなわち公義を憎み、すべての正しい事を曲げる者よ、……そのかしらたちは、まいないをとってさばき、その祭司たちは価をとって教え、その預言者たちは金をとって占う」（三・九～一一）。このように彼は、耳障りのいい話をしては利益を貪る堕落した職業的宗教指導者たちの罪を追求するとともに、その報いとしての北朝の首都サマリヤや南朝の首都エルサレムへの神の刑罰を預言した。

内容の項目（2）については前述のごとく後代の編入とされるが、五章二節は救い主がベツレヘムから生まれることを預言している有名なところ。（３）では不動の山を公正な証人と見立てた擬似法廷で、神とイスラエルの民とが論争するというユニークな状況設定のもと、民の罪が明らかにされる。（４）は捕囚から帰還した民が礼拝で本書を朗読する際、付け加えて読まれた式文と考えられている。

32　ナホム書

ナホムは南朝後期の預言者である。彼の活動時期は同じ南朝の預言者エレミヤとは重なるが、ナホムのほうが少し早い時期（ＢＣ６５０年前後）に位置する。ナホムとはヘブライ語で「慰め」あるいは「慈しみ」の意である。

ＢＣ六一二年アッシリヤの首都ニネベは新バビロニヤに滅ぼされたが、これに先立ち長い間中東の覇権を握り横暴を極めたアッシリヤに陰りが見え始めた頃、ナホムはニネベへの神の審判を大胆に預言した。オバデヤ書はエドムへの徹底した神の審判と刑罰を記した書であるが、本書はアッシリヤに対するそれである。

本書は、以下の部分に分けられる。

（1）仇《あだ》を報いる神（一・一～二・二）
（2）ニネベの滅亡（二・三～三・一九）
（1）の部分と（2）の部分とでは、明確に論調が異なっており、（1）の部分は後世の編集時に付加――ないしは同一筆者で異なる時期に執筆――された部分であると考えられている。（1）の前半（一・二～一〇）部分は、不完全であるがヘブライ語のいろは歌の形が使われているのが特徴である。
（2）の部分が本書の本論で、ナホム自身のものとされる。そこではニネベに対する神の審判が、生き生きとした筆致の詩で描かれており注目される。例えばこんな感じである。「わざわいなるかな、血を流す町。……むちの音がする。車輪のとどろく音が聞《きこ》える。……騎兵は突撃し、つるぎがきらめき、……しかばねは山をなす」（三・一～三）。

33　ハバクク書

ハバククは、エレミヤやナホムと同じく南朝後期の預言者である。ただし彼の活動時期は、エレミヤの前半と重なるナホムより少し遅く、エレミヤの中期（BC六〇〇年前後）に位置している。〝ハバクク〟とはヘブライ語で「神に抱かれる者」の意。

ハバククの活躍した時代は、南朝にとって内外共に苦しい時代であった。この時期、勇ましく宗教改革に立ち向かったヨシヤ王は途中で戦死（BC六〇九）、彼の改革が挫折する中、国民の間に懐疑の念が強まり社会的秩序が乱れた。また外的にはアッシリヤを倒したバビロニヤが強敵としてユダに迫り、国民の心は動揺していた。このような困難な時代を導くため召されたのがハバククである。

本書は、以下のように区分される。
（1）ハバククの神への第一の訴え（一・一～四）
（2）神からの答え（一・五～一一）
（3）ハバククの神への第二の訴え（一・一二～一七）
（4）神からの答え（二・一～四）
（5）災いの預言（二・五～二〇）
（6）ハバククの詩篇（三・一～一九）
本書を開くと冒頭からハバククの必死な神への訴えが飛び出してくる。「主よ、わたしが呼んでいるのに、いつまであなたは聞きいれて下さらないのか」（一・二）、「何ゆえ不真実な者に目をとめていられるのですか。……何ゆえ黙っていられるのですか」（一・一三）。神を信ずるハバククにとって理解できない現実が目の前にあった。なぜ信仰に生きたヨシヤ王は死に、不信仰な者たちが力を得ているのか。なぜ神の民は圧迫され、神を信じないバビロニヤはますます栄えるのか。ハバククは切実に神に訴え、その答えを得ようとする。まさにハバクク書は、ヨブ記とともに典型的な神義論の書なのである。

このような問いはハバククだけではなく、当時すべての人々の心の中にもあったものである。そういう人々に対し彼は、今は理解できないかもしれない、「しかし」（三・一八）とハバククは言う——この〝しかし〟は、「ハバククの結論としての〝しかし〟であり、大いなる〝しかし〟である。また信仰者にとっては決定的な〝しかし〟である」（『旧約聖書略解』ハバククの項・日本基督教団出版局）——。

そして彼は、信仰を強くもち、時を待とう（三・一六）、いずれ悪は罰せられるのだ、とこのように訴えた。「それは偽りではない。もしおそければ待っておれ。それは必ず臨む。滞りはしない」（二・三）という神からの力強いメッセージとともに……。ハバククは我々と一緒に悩みつつ、なおその中から立ち上がって生きる勇気と希望を与えてくれる預言者なのである。「義人はその信仰によって生きる」（二・四）という彼の確信ある言葉は、時代を超えてパウロを奮い立たせ（ロマ一・一七）、ルターにも強いインスピレーションを与えたのであった。

34　ゼパニヤ書

ゼパニヤは南朝後期の預言者である。本書の冒頭には「ヨシヤの世に、ゼパニヤに臨んだ主の言葉」（一・一）と記されていているが、本書には同王による宗教改革（ＢＣ六二二）以前の様子――異教が一掃されていない――が見られることから、ゼパニヤが活動したのはＢＣ六三〇年頃と考えられる。これは同じ南朝で活躍したナホムの後期、エレミヤの前期と重なる時期に当たる。〝ゼパニヤ〟とはヘブライ語で「ヤハウェが隠した」の意である。

本書の内容は、以下のように分けられる。

（１）審判の日の到来と警告（一・一～三・八）

（２）喜びと希望の日の到来（三・九～二〇）

ゼパニヤの生きていた時代には、悪王として名高い前王アモンと前々王マナセによる極端な異教化政策の影響が色濃く残っていた。このような状況下、異教に走る民にゼパニヤは激しい神の怒りと審判の日の到来を説いたが、彼の預言は民族的次元にとどまらず世界的次元にまで及ぶところに特徴がある。彼は「主の日」、すなわち世界的審判の日を強調し、それを徹底した筆致をもって表現して〝破滅〟を伝える預言者とも呼ばれる。

本書は冒頭から怒りに満ちた神の言葉から始まる。「わたしは地のおもてからすべてのものを一掃する……わたしは地のおもてから人を断ち滅ぼす。……バアルの残党と、偶像の祭司の名とを断つ」（一・二～四）。そしてこれに続いてユダへの審判、諸国民への審判、世界への審判が迫力ある言葉で語られる。「その日には魚の門から叫び声がおこり、第二の町からうめき声がおこり、もろもろの丘からすさまじい響きがおこる」（一・一〇）、「主の大いなる日は近い、……その日は怒りの日、なやみと苦しみの日、荒れ、また滅びる日、暗く、薄暗い日、雲と黒雲の日」（一・一四～一五）、「全地は主のねたみの火にのまれる。主は地に住む人々をたちまち滅ぼし尽《つく》される」（一・一八）。

しかしながら、それだけで本書の預言が終わっているわけではない。〝残りの者〟の思想と共に未来には希望の日の到来することも約束されている。「その時わたしはもろもろの民に清きくちびるを与え、すべて彼らに主の名を呼ばせ、心を一つにして仕えさせる」（三・九）。これに続いて三章一四節以下ではイスラエルの回復が高らかに歌われるが、この部分は捕囚後の加筆とされる。

35　ハガイ書

ハガイは捕囚から帰ってきた民を指導し励ますため、ＢＣ五二〇年（ペルシャ王ダリヨスの第二年）頃に召された預言者である。本書の内容から彼は元の神殿を知っていたとも考えられ（二・三）、捕囚を経験して帰還したとすれば、彼はかなりの老預言者であったと考えられる。ハガイとはヘブライ語で「祭《まつり》」の意である。

エズラ記によれば、捕囚から帰ってきた民は勇ましく神殿の再建に取り掛かったとされている。しかしながら、エズラ記はその時から二〇〇年ものちの愛国的記者によって書かれたものであり、神殿の再建については、実際はそうでもなかったという見方が他方には存在する。実はその状況をよく映し出しているのが本書である。

すなわち帰還した民は自分たちの生活を維持するのがやっとで、焼け崩れた神殿を再建するだけの余裕がなかった、と言うのが現実であった。少し遅れて帰還したハガイは、その状況を見て立ち上がったのである。彼は叫んだ。「万軍の主は言われる。これはわたしの家が荒れはてているのに、あなたがたは、おのおの自分の家の事だけに、忙しくしている」（一・九）。彼に言わせれば、主の家のことを疎《おろそ》かにしているから神の祝福が得られず、あなたがたの生活が豊かにならないのだ。まず主の家のことを考えよ、自分たちの生活が安定したら主の家のことを考えようというのは間違っている、というのである。

耳の痛い話である。しかし正論である。ハガイのこの訴えに、総督として帰還していたゼルバベルや大祭司ヨシュアそして民たちは、それまでの生き方を悔い改め、心を入れ替えて神殿の再建に取り掛かったのであった。

神殿の再建に取り掛かった彼らにハガイは精いっぱいの励ましの言葉を送る。「主は言われる。ゼルバベルよ、勇気を出せ。ヨザダクの子、大祭司ヨシュアよ、勇気を出せ。主は言われる。この地のすべての民よ、勇気を出せ。働け。わたしはあなたがたと共にいると、万軍の主は言われる」（二・四）。そして、ハガイは同時代に活躍した預言者ゼカリヤと共に、神殿再建後にやって来るであろうゼルバベルをメシヤ的王とする希望の時代を夢見たのであった。「万軍の主は言われる、シャルテルの子、わがしもべゼルバベルよ、主は言われる、その日、わたしはあなたを立て、あなたを印章のようにする」（二・二三）。

36　ゼカリヤ書

ゼカリヤもハガイと同じBC五二〇年頃、神殿再建の勧めと捕囚後の民を指導するため、ハガイと共に立てられた預言者であった。ただゼカリヤはハガイより一層内的なものを強調する。ゼカリヤとはヘブライ語で「ヤハウェは憶《おぼ》えたもう」の意である。

本書の内容は以下のように分けることができる。

第一部　幻に関する記述

（1）悔い改めを促す呼びかけ（一・一～六）

（2）八つの幻に関する預言（一・七～六・一五）

第一の幻（赤い馬の騎手）、第二の幻（四本の角と四人の職人）、第三の幻（測り縄を持った人）、第四の幻（大祭司の衣服）、第五の幻（燭台《しょくだい》と二本のオリブの木）、第六の幻（飛んで行く巻物）、第七の幻（エパ枡と女）、第八の幻（四台の戦車）

（3）断食に関する問題（七・一～八・二三）

第二部　未来に関する預言（九・一～一四・二一）

（1）託宣①　諸国民に対する裁き、メシヤの来臨（九・一～一一・一七）

（2）託宣②　神の民の回復（一二・一～一四・二一）

本書の前半は八つの幻からなる黙示文学の形態をとっており、幻を通して捕囚後のイスラエルの祝福と希望が語られている。ゼカリヤはハガイよりも一層はっきりした形で、神殿の完成と共にゼルバベルを君主としヨシュアを大祭司とするメシヤ王国の到来を期待していた。「一つの冠を造り、それをヨザダクの子である大祭司ヨシュア（総督ゼルバベル）の頭にかぶらせて、彼に言いなさい、『……彼は主の宮を建て、王としての栄光を帯び、その位に座して治める。その位のかたわらに、ひとりの祭司がいて、このふたりの間に平和の一致がある』」（六・一一〜一三）――文中の「ヨザダクの子である大祭司ヨシュア」（六・一一）は、前後の文脈から見て元は「総督ゼルバベル」であったが、何らかの理由による（例えばゼルバベルがペルシャに召還されたことなど）後世の書き換えとされる――。

しかしながらゼカリヤやハガイの願いは現実のものとならなかった。すなわち彼らの預言は外れてしまったわけである。これについては、預言者は決して予想屋ではないのだと、我々の頭の中を整理してくれる聖書注解者もいる。三章一節のサタンが大祭司ヨシュアを訴えるという記事は、統一運動が発掘した――キリスト教ではなじみの薄い――〝サタンの讒訴〟という重要な神学的概念をここでも擁護するものとなっている。

本書の後半（九章以下）は、前半と同じく黙示文学の形態をとってはいるが、文体も思想的傾向もかなり異なっており、〝第二ゼカリヤ〟とでも呼ぶべき別の人物のものとされる。この部分はＢＣ三〇〇～一五〇年ぐらいの不安の時代――この時代はユダヤの支配者が、ギリシャ、エジプト、シリヤと次々に変遷した――に成立したものと見られており、民への希望と励ましの預言となっている。

ここでは「主の日」が強調され、メシヤが待望され、神の国の到来が告げられる。「シオンの娘よ、大いに喜べ、……見よ、あなたの王はあなたの所に来る。彼は義なる者であって勝利を得、柔和であって、ろばに乗る」（九・九）は、イエスのエルサレム入城の場面を思い出させる。そして「残りの者」の思想とともに未来の希望が語られる。「見よ、主の日が来る。……こうして、あなたがたの神、主はこられる、もろもろの聖者と共にこられる。……主は全地の王となられる。その日には、主ひとり、その名一つのみとなる」（一四・一～九）。

37　マラキ書

マラキという預言者も、この書以外全く不明である。そういう事情もあり本書は一応無名の預言者マラキによるものとされるが、一方では〝マラキ〟は人名ではなく本書三章一節に出てくる「わが使者」(原文では書名と同じ〝マラキ〟の文字が使われている)から取られた書名ではないかという説もある。

本書に書かれている社会的状況は、エズラやネヘミヤらによる宗教改革の少し前の状況によく似ており、学者たちはマラキの活躍したのはBC四五〇年前後と見ている。ハガイやゼカリヤが神殿再建を指導した時代よりもマラキは一時代あとの預言者といえる。マラキのあとに預言者ヨエルが出てくる(BC四〇〇年)が、実質的にはマラキが旧約時代の最後の預言者と見てよいとされている。前述のとおり〝マラキ〟とはヘブライ語で「わが使者」の意である。

彼が活躍した時代には既に神殿は立派に再建(BC五一五年)されており、この神殿を中心とする祭儀は規則正しく行われていたのであった。ところが、この第二神殿の完成とともにハガイやゼカリヤが預言したようなエルサレムの栄光と繁栄が思ったようには訪れず、人々の心は懐疑的になっていった。「神に仕える事はつまらない。我々がその命令を守り、かつ万軍の主の前に、悲しんで歩いたからといって、なんの益があるか」(三・一四)という文中の言葉がそれを如実に物語っている。すなわちエレミヤ書やハバクク書で取り上げられた神義論が、新しい形で出てきているのである。

これに対してマラキは、いよいよ待ちに待った「主の日」の近いことを告げ、道備えとしてのエリヤの再臨と来たるべきメシヤの来臨を民たちに約束するのである。そしてその時こそ、義に生きる者は高められ、悪なる者は完全に滅ぼされるのだと彼は叫んだのであった。「見よ、わたしはわが使者をつかわす。彼はわたしの前に道を備える。またあなたがたが求める所の主は、たちまちその宮に来る」（三・一）、「見よ、炉のように燃える日が来る。その時すべて高ぶる者と、悪を行う者とは、わらのようになる。……しかしわが名を恐れるあなたがたには、義の太陽がのぼり、……彼らはあなたがたの足の裏の下にあって、灰のようになると、万軍の主は言われる」（四・一〜三）。

これ以降、洗礼ヨハネの時まで預言者が現れない〝沈黙の四百年〟と言われる時代が続く。この間ユダヤの民たちは、ひたすらマラキの言葉を信じ、苦難を耐え忍びつつ、来るべき一なる方を待ち望まねばならなかったのである。そして、まさしく、その忍耐の上に、新しい希望に輝く時代は確実にやって来るのである。

四章ではメシヤの道備えとしての〝エリヤの再臨〟が約束されている。「見よ、主の大いなる恐るべき日が来る前に、わたしは預言者エリヤをあなたがたにつかわす」（四・五）。この約束は洗礼ヨハネの出現と共に現実のものとなった。このことはイエスの証言によっても明らかである「エリヤはすでにきたのだ。……」（マタイ一七・一二）。ところで、この〝エリヤの再臨〟

という概念は——これまで神学的にクローズアップされたことはなかったが——、今後統一運動が〝キリストの再臨〟を標榜《ひょうぼう》していくに当たり、それがどのような形でなされるかという重要な神学的弁証をなすのに基点となる概念といえる。

以上をもって旧約の預言書が終わり、旧約聖書が終わる。

第二部　新約聖書

第1章　新約聖書の成り立ち

1　新約聖書の構成

「新約聖書」という言葉を初めて使ったのは教父テルトゥリアヌス（一五〇～二二〇）といわれている。〝新約〟すなわち〝新しい契約〟という考え方は、既に旧約聖書のエレミヤ書に出てくる考え方で、そこには「見よ、わたしがイスラエルの家とユダの家とに新しい契約を立てる日がくる」（三一・三一）と記されている。この預言の成就がキリスト教であったわけである。

現在、我々が使用している新約聖書は二十七巻の書物からなっており、各書は次のように旧約聖書のものとほぼ同じ意味合いをもつ四つの分野に分けられ配列されている。これらの書物は全て当時の公用語であったギリシャ語（コイネー）で書かれている。

（1）福音書

共観福音書――マタイ福音書、マルコ福音書、ルカ福音書

第四福音書――ヨハネ福音書

(2) 歴史書

使徒行伝

(3) 詩文書(文学書)

パウロ書簡

教理書簡――ロマ書、第一・第二コリント書、ガラテヤ書

獄中書簡――エペソ書、ピリピ書、コロサイ書

再臨書簡――第一・第二テサロニケ書

牧会書簡――第一・第二テモテ書、テトス書

ピレモン書(獄中書簡)

ヘブル書

公同書簡――ヤコブ書、第一・第二ペテロ書、第一・第二・第三ヨハネ書、ユダ書

(4) 預言書

ヨハネ黙示録

四つの福音書の中でマタイ、マルコ、ルカの三福音書は、共によく似た観点から書かれているので共観福音書と呼ばれる。

パウロ書簡のうち教理書簡は特にキリスト教の教理について書かれているのでこの名がある。また、獄中書簡はピレモン書も含めてパウロが獄中で書いたものである。再臨書簡は再臨問題が、牧会書簡は牧会問題が主に語られているのでこのように呼ばれる。

公同書簡はパウロ書簡のように特定の相手に宛てて書かれたものでなく、広く一般に回し読みされることを前提として書かれたもので、書名にはパウロ書簡のように相手先ではなく書いた人の名前がつけられている。

2　新約聖書の成立

新約聖書の各書が成立してきた歴史背景についてはあとで詳しく述べるが、ここでは現行新約聖書が正典として成立してきた過程を概観しておきたい。

新約聖書も初めから一冊の書物として書かれたものではない。初めイエスに関する事柄がイエスの弟子たちや信徒たちにより分散的にまた断片的に口から口へ伝えられたと考えられる。

ＡＤ五〇年頃になって最初にイエスの語録集のようなものができた。またこれと同じ時期にパウロが手紙を書き始めたが、彼の手紙の中で一番古いものはテサロニケ人への第一の手紙でＡＤ五〇年頃の作である。続いてＡＤ六〇年代からＡＤ八〇年頃にかけ共観福音書が成立した。共観福音書の中でも最も古いものはマルコによる福音書でＡＤ六〇年代の作である。そしてＡＤ一三〇年頃にはその他の文書も出そろった、と考えられている。

正典化の過程については、まずＡＤ一四〇年頃当時異端とされていたグノーシス派のマルキオンが正典編纂《へんさん》の動きを示したことがあったが、ＡＤ一八〇年頃までには現行二十七巻のうち、約二十巻が正典的扱いを受けるようになっていた（「ムラトリ正典目録」）。ＡＤ三六七年にはアタナシウスが現行二十七巻を正典とすべきことを主張しているが、その後アウグスティヌスもこの二十七巻を正典と認めている。正式にはＡＤ三九七年に開かれたカルタゴ会議で、現行二十七巻を正典とすることが決定された。正典化が遅れたのは、それまではローマ帝国の迫害下にあり、その環境が整わなかったのが一因と見られる。

第2章　新約聖書成立の時代的背景

1　ハスモン王朝の成立と崩壊

バビロンの捕囚から帰還したユダヤ人にとって、彼らの故郷での生活は決して希望に満ちたものではなかった。彼らは初めペルシャの支配下にあったが、その後アレキサンダー大王によるギリシャの時代が始まるとギリシャの支配下に置かれた。そして大王が死ぬとギリシャ世界は二つの国に分裂したが、ユダヤは前半エジプトに基盤を置くプトレマイオス王朝に、後半はシリヤに基盤を置くセレウコス王朝に支配されることになった。

ＢＣ一六八年、セレウコスの王アンティオコス四世は、ユダヤの徹底したギリシャ化を策し、エルサレム神殿にギリシャ神話のゼウスの神を祭るとともに、ユダヤ人が最も嫌う豚をそれに捧げてその神聖を汚した。これに対しギリシャ化政策に不満をもつユダヤ人の中から、ハスモン家のマッタテヤと五人の息子たちが反旗を翻し立ち上がった。

マッタテヤはその後すぐに死亡するが、反乱の指揮はマカベヤ（槌《つち》に由来する呼び名）のユダと呼ばれた息子（長子、一説には三男）に引き継がれた。ユダは軍事の天才で、当時ハシディームと呼ばれたユダヤ教熱狂主義者たちの協力を得ながら巧みに戦線を拡大し、ついにBC一六四年エルサレム奪還に成功した。彼は神殿を清め再びヤハウェの神殿として奉献する祭りを行ったが、この祭りは「ハヌカー祭《さい》」と呼ばれ、今日まで記念として行われている。

ところで、戦線はその後も政治的な独立を目指して継続拡大され――この段階で宗教的敬虔《けいけん》を重視するハシディームは戦線を離脱する――、ユダが戦死すると弟のヨナタンが、ヨナタンが死ぬとBC一四二年兄シモンが後を継いだ。このシモンの段階でユダヤは実質的に国家的な独立を獲得し、シモンは――自ら王とは唱えなかったが――、事実上最初の王の立場に立った。ハスモン王朝の成立である。

ハスモン家は元来祭司の家柄であったため、独立を勝ち取ったあとも歴代の当主は大祭司として国を治めた。ところがBC一〇三年、ヤンナイオスはそれまでの慣例を破り、王を僭称《せんしょう》して位に就いたが、彼は戦争と不道徳な生活を繰り返した。これに見かねて立ち上がり反乱を起こしたのが、ハシディームの流れをくみ律法主義に立つパリサイ派の民衆であった。これに対しヤンナイオスは徹底的な弾圧をもって臨み、最終的に五万人もの人が殺される――そのうち八百人が磔《はりつけ》にされた――という悲惨な結末となって反乱は鎮圧された。その後ヤンナイオスが死に（ＢＣ七六）、その妻サロメ・アレクサンドラが王位を継承すると、今度は二人の息子の間に王位継承問題が起こった。その結果双方に付く勢力により国は二分され、相争ってまたもや多くの血が流された。

このようにユダヤ民族はメシヤを迎える直前まで混乱と苦悩の道を歩まされていたのである。ＢＣ六三年、ローマはこの混乱に乗じ、調停役という名目でエルサレムに入りユダヤを占領する。これにより百年近く続いたユダヤの独立王国は終わりを告げることになった。ローマ時代の始まりである。

２　ローマ時代

ローマ時代、この時代こそ待ちに待ったキリスト（メシヤ）が誕生し福音が宣《の》べ伝えられた時代である。

さて、ユダヤはローマの保護国という立場におかれることになったが、その後エドム地方（ユダヤの南方、エサウの子孫が定着した地域）出身のアンティパテルが、ローマの勢力をバックに国内で力をもつようになった。そしてその子ヘロデはついにエルサレムを制圧し国内を平定したが、このヘロデこそマタイ福音書二章に出てくるヘロデ王なのである。「イエスがヘロデ王の代に、ユダヤのベツレヘムでお生《うま》れになったとき、見よ、東からきた博士たちがエルサレムに着いて……」（マタイ二・一～）。ヘロデがローマの保護下、ユダヤの王として国を治めたのはBC三七～BC四年である。福音書によればイエス＝キリストの誕生は、ヘロデの死（BC四年）より少し前となっているから、イエスはしたがってBC七年頃からBC四年までの間に生まれたということになる。

国民からヘロデ大王と呼ばれたヘロデは、国民から集めた税金をローマへ貢ぐ一方、国民の血税で豪華な宮殿を建築し、また神殿の大規模な改築を行った。その結果、国民はローマとヘロデと神殿への三重の税を課せられ苦しんだ。彼はまたマカベヤ家の再興を恐れ、その血筋を消そうと粛清政治を行っただけでなく、晩年子供たちの間で相続問題が起こると――彼は十人の妻をもち十五人の子供をもうけた――、次々に我が子をも処刑する恐怖政治を行った。その結果彼は肉親からも国民からも慕われず病死した。

ヘロデの死後（BC四）、三人の息子ヘロデ・アンテパス、ヘロデ・アケラオ、ヘロデ・ピリポ二世は国土を三つに分割し統治したが、イエスは彼らの統治下で育ち活動した。

ヘロデ・アケラオ（在位ＢＣ四〜ＡＤ六）（マタイ二・二二）は、王位に就いて間もなく内部に起こった反乱のため失脚し、その後彼の領土であったサマリヤ（ヨルダン川西岸）、ユダヤ（死海西岸）、イドマヤ（死海南方・エドム地方）はローマの直轄地となった。

ヘロデ・アンテパス（在位ＢＣ四〜ＡＤ三九）（マタイ一四・一）は、イエスの故郷ガリラヤとヨルダン川の東岸ペレアを統治した。彼は、彼の義兄弟ヘロデ・ピリポ一世の妻ヘロデヤを奪って彼女と結婚したが、この罪を責めたのが洗礼ヨハネである。ヨハネはこのヘロデヤの連れ子サロメの恨みを買い、殺害されてしまう。イエスはガリラヤ出身であり、立場上このアンテパスの一領民であったため、ピラトがイエスを十字架にかける前、一時イエスを彼のところに送り届けた。その時彼は日頃イエスに関心をもっていたのでイエスにいろいろ話しかけたが、イエスは彼の興味半分の問いには何も答えなかった、と福音書は記している（ルカ二三・六〜一二）。

ヘロデ・ピリポ二世（在位ＢＣ四〜ＡＤ三四）（ルカ三・一）は、ヘロデ大王の息子の中で最も尊敬された人物でパレスチナの北方を統治した。彼はパレスチナ地方の最高峰ヘルモン山（二八一四メートル）の麓にグレコ・ローマ式建築によるピリポ・カイザリヤの町を建てたが、イエスもこの町を訪れたことがあった（マルコ八・二七）。

使徒行伝の一二章に出てくるヘロデ・アグリッパ一世（在位ＡＤ三七〜四四）や、同二五章一三節のヘロデ・アグリッパ二世（在位AD五三〜一〇〇頃、ヘロデ家最後の王）は、これら三人の王より一時代あとのユダヤの王で、パウロが弁明（行伝二六・二〜）を許されたのはアグリッパ二世である。

さてAD六年にガリラヤ地方のユダという人物が反ローマを掲げて暴動を起こしたが、これがきっかけとなって過激派グループ熱心党（ゼロテ派）が生まれた。ところでイエスの弟子の一人に熱心党のシモン（ルカ六・一五）という弟子がいるが、彼はこの熱心党と関係があったのか、あるいは単なるあだ名だったのかは定かではないとされる。AD二六年にはポンテオ・ピラトがユダヤの総督としてローマから送られてきたが、彼は反ユダヤ的政策を強行して民衆を苦しめた。イエスはこのピラトの統治下で活動し、そして十字架にかけられたのである。

当時、中央ではサドカイ派を中心とした一部の指導者が権威の座にあぐらをかいており、地方ではパリサイ派を中心とする人たちが形式的で因習的な信仰に固執していた。民衆は正に真の救いを求めていたのである。

3　バプテスマのヨハネ

このような困難な状況下、新しい預言者が現れた。それがバプテスマのヨハネであった。彼はＡＤ二六年頃突如人々の前に姿を現し、時の到来を力強く叫んだ。

ところで、当時ユダヤ教の主流であったサドカイ派やパリサイ派に対し、エッセネ派と呼ばれた急進的な宗教的敬虔《けいけん》を求める群れがあった。エッセネ派は、生命力を失った既成のパリサイ派やサドカイ派を批判したので彼らから異端とされ、神殿に出入りすることも許されなかった。彼らの信仰観は強い終末観と禁欲主義が特徴で、荒野に修道院を建て、来たるべきメシヤを待っていたのである。このエッセネ派の思想は、ヨハネやイエスの思想とも合い通じる部分が多く、ヨハネの行った洗礼（バプテスマ）なども既にこのエッセネ派で似たことが行われていた。ヨハネも一時この宗団の一員であったことが考えられるが、ある時から彼は突如自己の使命に目覚め、そこから出て単身立ち上がったのである。その使命こそ来たるべき一なる方への道備えとしての使命であった。

ヨハネが立ち上がり叫んだことは、第一に形式的な律法の遵守より真実の信仰こそ救いの中心問題であるということ、第二にユダヤの救いは外敵（ローマなど）を滅ぼすことからではなく、洗礼を媒介とする内的悔い改めから始まるのだということ、第三に今は終末の時であり、神の国の到来、メシヤの来臨の時が近づいているということ、などであった。彼は、ヨルダン川の下流で一般民衆に洗礼を施しながら猛烈な預言者運動を展開した。ここにイエスの「神の国運動」が始動できる準備が整ってきたのである。

4　イエスの「神の国運動」

(1) イエスの宣教開始

まずここで、イエスについて話を進める前に〝イエス・キリスト〟という名称について確認しておきたい。普通我々は〝イエス・キリスト〟とこのように言うが、この〝イエス〟とはヘブライ語の人名〝ヨシュア〟をギリシャ語風に発音した呼び方で、より正確なギリシャ語の発音は〝イエスース〟である。なおヘブライ語の人名〝ヨシュア〟は、〝ヤハウェは救い〟の意味をもっている。

次の〝キリスト〟もギリシャ語であって、より正確なギリシャ語の発音は〝クリストス〟である。これはギリシャ語の〝油を注ぐ〟という動詞〝クリオー〟から来たもので〝油注がれた者〟という意味をもっている。元々この〝クリストス〟という言葉は、ギリシャ語固有の言葉ではなく〝油を注がれた者〟という意味のヘブライ語〝マーシアハ〟の訳語で、〝マーシアハ〟はヘブライ語の〝油を注ぐ〟という動詞〝マーシャハ〟から来ている。ところで通常我々が知っている〝メシヤ〟という言葉は、ヘブライ語の〝マーシアハ〟をヘブライ語と親類関係にあるアラム語で表現したものである。――イエス当時ヘブライ語は死語になっており、このアラム語が使われていたのでこのように呼ばれることになった。

さて、ユダヤではもともと王や祭司長は香油を注がれ任命されたので、彼らもまた〝マーシアハ（メシヤ）〟と呼ばれたが、のちにはこの言葉は真の王であり祭司として来られる救い主を示す言葉になった。したがってイエス・キリストとは、救い主イエスという意味になる。イエスとキリストが一つになって、イエス・キリストと呼ばれるようになったのは案外早く、ＡＤ五〇年頃からである。

前置きが長くなったが、ここから本論に入っていく。

さて、イエスの宣教活動のことを学者たちは「神の国運動」と呼んでいる。というのはイエスの宣教の中心テーマが「神の国」であったからである。イエスの生涯については正確な歴史的記録がなく、福音書などを基に様々なイエス伝が書かれてきたが、以下に一般的な理解に基づいてその流れを見てみよう。

イエスが誕生したのはBC七〜四年頃で、イエスはユダヤでは北方に当たるガリラヤのナザレという村で育った。イエスが活動を開始したのはおよそ三十歳（ルカ三・二三）の時で、その頃バプテスマのヨハネがヨルダン川に現れ、一般民衆に罪の悔い改めを迫る洗礼を授けながら時の到来を告げていた。イエスの言葉によれば、彼こそがマラキ書で預言されたエリヤであり、イエスの前に道を備えるべき使命をもっていた人物であった。しかしながらヨハネは、イエスの外的な姿につまずき（マタイ一一・三〜六）、イエスと行動を共にせず、その使命を十分果たしたとは言い難い、という統一運動の主張は妥当というべきである。

このようにして不幸にもイエスは、ヨハネの満足な協力を得られないまま、自分の活動（公生涯）を開始せねばならなかった。イエスはナザレからそう遠くないガリラヤ湖畔（北岸）の町カペナウムで宣教の第一声を上げた。「時は満ちた、神の国は近づいた。悔い改めて福音を信ぜよ」（マルコ一・一五）。実に力強い「神の国」到来の宣言であり、またそれは正しく〝喜ばしいニュース〟すなわち〝福音〟であった。今日、キリスト教で福音というと〝十字架による救い〟と関連付けようとする傾向があるが、それは正確ではない。元来イエスのもってきた福音の本質は〝神の国〟であったのである。

イエスは、まずガリラヤ湖畔に出て漁師の青年たちから伝道を始めた。最初にペテロとその兄弟アンデレが伝道され、続いてヤコブとその兄弟ヨハネも伝道された。イエスは、カペナウムを拠点として精力的に活動を展開し、ガリラヤ全域を巡り歩いては諸会堂で〝神の国〟の福音を宣べ伝えた。その結果、イエスのもとに多くの人たちが集まってきたが、イエスはその中から主だった弟子十二人を選び、彼らに〝使徒〟という称号を与えて「神の国」の宣教に当たらせた（ルカ六・一三〜一六）。間もなくイエスの名は、ガリラヤ地方はもとよりパレスチナ全土に広まっていった。

（２）迫害の中で

イエスの人気が上昇するにつれ、イエスの新しい教え、すなわち神の国の福音を理解し得ない祭司長や律法学者たちから迫害が始まった。彼らにとってはイエスは、これまで大切にしてきたユダヤ教の教え（伝統・律法）を破壊する者にしか見えなかったのである。「律法について何の学問もなく、律法を平気で無視するイエス、自分を神の子と称し、罪人と平気で交わるイエス……」。このような非難や中傷が飛び交った。

迫害は日増しに激しくなり、ついにカペナウムを拠点とする伝道を中止せざるを得ないところまで事態は追い込まれる。やむを得ずイエスは追っ手の届かないガリラヤ湖東岸のベツサイダに退こうとするが（マルコ六・四五）、救いを求める多くの群衆を見た時、もうひとたび危険を冒してガリラヤ湖西岸のゲネサレ伝道を敢行するのである（マルコ六・五三）。しかしその後イエスの宣教は、ツロやシドン（マルコ七・二四～）、またピリポ・カイザリヤ（マルコ八・二七）など、人目に付かない北方の避地に向かわざるを得ない立場に追いやられていった。

ここに変貌山の話が展開する。（マルコ九・二～）イエスは高い山に登りモーセとエリヤに会ったが、そこで彼らは、イエスの「エルサレムで遂げようとする最後のこと」（ルカ九・三一）について語り合った。以後、イエスは地方の村々を回りながら十字架につく決意を固めていった。イエスの十字架の預言もこの辺りから始まるのである（マルコ八・三一）。その後死の決意を固めたイエスは力強くペレア地方（ヨルダン川の東岸）やユダヤ地方（死海の西岸）を伝道しながら、エルサレムに上って行くのである（マルコ一〇・一）。

（3）エルサレム入城

イエスは、いよいよエルサレムに入城するという段階に来た時、平和の象徴であるロバにまたがり入城する。過越《すぎこし》の祭《まつり》のために集まっていた群衆は、しゅろの葉を振りながら歓呼してガリラヤ出身の預言者を迎えた（ヨハネ一二・一二～、キリスト教会ではこの日を「しゅろの主日」とし、その後に続く週を「受難週」と呼んで記念する）。それからイエスは一週間もたたないうちに十字架につけられて死んでいくのである。

劇的なエルサレム入城を果たしたイエスは、翌日エルサレムの神殿に姿を現した。そして神殿の庭で職業的宗教家を厳しく批判するとともに、神殿を食い物にしている商売人を激しい剣幕で追い払った。マルコはこの場面を次のよう記している。「イエスは宮に入り、宮の庭で売り買いしていた人々を追い出しはじめ、両替人の台や、はとを売る者の腰掛をくつがえし、……」（マルコ一一・一五～一六）。これがいわゆるイエスの「宮きよめ」といわれる出来事である。我々は「右の頬を打つなら、ほかの頬をも……」（マタイ五・三九）という柔和なイエス像だけを想像しがちである。しかしここでのイエスの姿を見ると、イエスもまた激しい内的一面を持っていたことが分かる。

ちなみにイエスの激しい一面といえば、イエスが空腹を満たそうといちじくの木に近づいたとき、その木に実がついていないのを見て「今から後いつまでも、おまえの実を食べる者がないように」（マルコ一一・一四）とその木をのろうと、その木は枯れてしまったという話や、「ヘロデがあなたを殺そうとしています」と言ったパリサイ人たちに対し、イエスは「あのきつねのところへ行ってこう言え……」（ルカ一三・三二）とヘロデ王のことを〝きつね〟と呼び捨てにしたこと、なども聖書は記している。

さて、イエスのこのような行動に対して祭司長、律法学者、パリサイ人たちはイエス殺害の計画を練り始めた（マルコ一一・一八）。まず彼らはイエスの言葉尻を捉えようとして論争を吹きかけてきた。しかし、カイザルに税金を納めるべきかとの彼らの問いに対し、イエスは「カイザルのものはカイザルに、神のものは神に」（マルコ一二・一七）と当意即妙に答えるため、彼らは容易にその目的を達せられなかった。

イエスはエルサレムでの活動の間、郊外にある小さな村ベタニヤを拠点とした。イエスは昼エルサレムに出掛け、夜はベタニヤに帰ってきた。恐らくベタニヤに熱心な信徒の家があったのであろう。さて、イエスは十字架にかかる二日前の日、ベタニヤのシモンという人の家で食事をしていたが、その時一人の女が非常に高価な香油（ナルドの香油——これはヒマラヤ原産のもので、当時インドからパレスチナまで遠路運ばれてきていた。ナルドとはサンスクリット語で〝かぐわしい〟の意）の入れてある壺を持ってきて、これを壊しイエスの頭に注ぎかけた（マルコ一四・三〜九）。

これはイエスの葬りの予兆であった。

そして、いよいよイエスの活動の最後となる日がやって来る。イエスはこの日、のちに「最後の晩餐《ばんさん》」と呼ばれる食事の場を弟子たちに用意させたが、イエスはその食事の場で自分の肉を象徴するパンと血を象徴するぶどう酒で一つの儀式（聖餐式）を制定した（マルコ一四・二二〜二三）。この席上ユダの裏切りがあり、舞台はゲッセマネの園へと移っていく。そしてイエスはこのゲッセマネの園で、ユダの先導によってやって来た大祭司の手下たちに捕縛されるのである。

イエスは一旦、大祭司のもとに集められた議会――サンヒドリンと呼ばれ祭司や律法学者などからなる議会――に連れていかれた。そこでイエスは唾をかけられ、拳でつつかれ、平手打ちをされさんざん愚弄される。そこにはあとから付いてきたペテロもいたが、彼は大祭司の家の女中に問い詰められると三度も否み、外に出て激しく泣いた（マタイ二六・六九〜七五）。翌朝（金曜日）、彼らはユダヤの総督ピラトのところにイエスを引き出したが、それはイエスを〝ユダヤ人の王〟と称する反乱の計画者として訴えるためであった――当時、政治犯の死刑判決権は総督にあった――。

過越の祭はその日の夕方から始まろうとしていた。それまでに何とかイェスを処刑してしまわねばならないと考えた祭司長たちは、群衆を煽動《せんどう》して無理やりにイエスを十字架につけるようピラトに迫り、ついにそれを決定させる。彼らはその場でもイエスを〝ユダヤ人の王〟だとして、イエスに王冠の代わりに〝茨の冠〟をかぶせ、王の杖の代わりに〝葦《あし》の棒〟を持たせ、また葦の棒で頭をたたいてはイエスをさんざん嘲弄した（マルコ一五・一七〜二〇）。

（4）イエスの十字架と復活

その後、彼らはイエスに十字架を背負わせゴルゴタと呼ばれた丘に連れていった。イエスはその場で二人の強盗と一緒に十字架につけられたが、「父よ、彼らをおゆるしください。彼らは何をしているのか、わからずにいるのです」（ルカ二三・三四）と祈り、「父よ、わたしの霊をみ手にゆだねます」（ルカ二三・四六）と叫んでその日の午後息を引き取った。ＡＤ三〇年頃の春のことである。

翌日の土曜日はユダヤ教の安息日であった。そして次の日――十字架にかけられてから三日目――、週の初めの日、日曜日にイエスは墓から〝復活〟するのである。キリスト教ではこの日を記念してイースター（復活日）と呼び、クリスマス、ペンテコステとともに三大祝日の一つに数えている。

復活後、イエスは四十日間にわたって多くの弟子たちの前に姿を現したが、ペテロとの再会はガリラヤの湖畔でなされた。その時ペテロはイエスから残された信徒たちへの牧会の使命を授けられる（ヨハネ二一・一五～）。その後イエスは弟子たちの見守る中〝昇天〟していった（行伝一・六～九）。

復活のイエスに出会った弟子たちは、事の全てが終わったのではないことを知った。これからが新しい出発であることを悟ったのである。主は復活された。約束どおり主はすぐにも天軍を率いて再び来臨される。そしてその時こそ万物は更新され神の国は到来するのだ。このように確信した彼らは、強い終末観のもと、新たな勇気と希望をもって立ち上がったのである。

イエスが昇天してから十日目、ユダヤ教の五旬節の祭《まつり》の日がやって来た。五旬節の祭は過越の祭から五十日目に祝うのでこの名がある。この日は小麦の刈り入れの祭の日であるとともに、シナイ山で十戒の授けられた日を祝うユダヤ教の祭の日であった。この日、百二十人ばかりの人たちがイエスの弟子たちを中心に一団となって祈っていたが、突然激しい風の吹くような音とともに天から聖霊が降り各々の上にとどまった。すると一同は霊に満たされ他国の言葉（異言）で語り出したのである（行伝二・一～四）——キリスト教ではこの日を記念してペンテコステ（聖霊降臨日、ギリシャ語で五十という意味がある）と呼び、前述したように三大祝日の一つとしている——。そしてこの日を境にイエスの弟子たちは確信に満ち神の霊に燃えて、力強くイエスの教えを宣《の》べ伝え始めた。これがキリスト教宣教の出発点となり、その後キリスト教は全世界へと拡大していくのである。

5 パウロの伝道

(1) パウロの回心

このようにして誕生したキリスト教には、それまでの宗教がもっていなかった普遍的な真理と高い倫理性、そして強力な生命力を宿していた。このキリスト教初期の宣教に大きく貢献したのがパウロの精力的な伝道活動である。新約聖書も福音書を除けばその主要部分はパウロの手紙であることからも、彼の働きの大きかったことが理解できる。

パウロは小アジア（現在のトルコ）東部、ギリシャ文化の盛んな都市タルソに裕福なユダヤ人の子として生まれた。彼は生まれながらにしてローマの市民権をもっていた。彼は生粋のパリサイ派で、エルサレムに上り当時有名であった律法学者ガマリエルのもとで教育を受けた。パウロにとっては、キリスト教は律法を破壊するもの以外の何ものでもなかった。彼は自分の宗教に熱心であればあるほど、キリスト教の迫害に対しても熱心であった。ところがその彼を神はダマスコに向かう途上で召し、キリスト教を伝える使徒としたのである。

パウロがダマスコへの途上、イエスの特別な霊的顕現に接し回心したのは三一年頃で（行伝九・一〜九）、その後彼はアラビヤに出ていったが（ガラテヤ一・一七）、そこでしばらく内省の時をもったと考えられている。その後彼はダマスコに戻り、三五年頃エルサレムの使徒たちの前に姿を現したのち、故郷のタルソに帰った。その後四六年頃彼はシリヤのアンテオケ教会の責任者バルナバに呼び出され同教会に赴いたが、彼はそこを拠点として本格的活動に入ったのである。それまでにはダマスコ途上で回心してから十数年になるが、その間のパウロに関する正確なことは分かっていない。それにしてもこの偉大な伝道者が、次に見るような本格的伝道旅行に出るようになるまでに、十数年の期間を要したというのも興味深いことである。

（２）第一回伝道旅行

さてパウロは生涯三回にわたって大伝道旅行をしたが、一回目はいわば育ての親でもあったバルナバが責任者となり、パウロは彼に付いていった。彼らがアンテオケを出発したのは四七年頃で、まずクプロ島（キプロス島）に向かい、その後小アジアの都市を回って帰ってきた。その結果は大成功であった。ところが彼らが伝えたのは異邦人（非ユダヤ人）であったため、エルサレムの教会の一部の人たちは律法を守らない異邦人への伝道に反対する動きを示した。

そこでバルナバとパウロは異邦人伝道の成果を携えエルサレムに上ったが、そこに他の使徒たちも加わって大議論となった。これがいわゆるAD四九年頃行われた「エルサレム使徒会議」と呼ばれる有名な出来事である。そしてこの会議の結果、最終的にバルナバとパウロの主張が全面的に通り〝人間は律法の行いによってではなく、イエス・キリストの恵みによって救われる〟という大原則が確認された。これによりキリスト教が民族主義的なユダヤ教という枠を脱し、大きく世界に広がって行く道が開かれたのである（行伝一五・一～）。

（3）第二回伝道旅行

続いてパウロは二回目の伝道旅行を計画した。今度は自分が責任者となり、シラスを同伴者として出掛けた。彼らが出発したのはＡＤ五〇年の初めの頃で、一行は陸路一回目の伝道旅行でできた小アジアの教会を励ましながら進んだ。一行がトロアス（小アジア西岸、エーゲ海に面した港町）に着いた時、パウロは一つの幻を見たが、その中で一人のマケドニヤ人が出てきて、マケドニヤ（エーゲ海を介したトロアスの対岸の地域）を救ってくれと懇願するのであった。これを彼は神の命と信じ、海を渡りマケドニヤへ行くことにした（行伝一六・八～一〇）。

マケドニヤでは多くの婦人たちが信者になった。海を渡って最初の伝道地となったピリピの教会の婦人たちがその代表的な例で、彼女たちは物心両面でパウロをよく支えた（ピリピ四・一四）。次の伝道地となったテサロニケでも多くの婦人たちが立ち上がったが、それを妬んだその地に住むユダヤ人たちは激しい迫害をパウロたちに加えてきた。やむを得ずパウロはギリシャのアテネまで逃れて伝道したが、話が〝死人のよみがえり〟の話になるとギリシャの哲学者たちは彼を嘲笑し、話を真面目に聞こうとはしなかった（行伝一七・一六～）。それ以後、パウロは表面的知恵や言葉では伝道すまいと決心するのである（第一コリント二・一～五）。

パウロはそこからギリシャの大きな港町コリントに移った。彼はそこで一年半ばかり個人の家で働きながら伝道に励み（自給伝道）、ここでも教会を造った。このコリント滞在中に新約聖書中、最も古い文書が書かれた。それが「テサロニケ人への第一の手紙」で、彼が迫害の中残してきたテサロニケの教会を心配して書いたものである。この手紙はＡＤ五〇年に書かれたと考えられているが、続いて「第二の手紙」も翌年早く（五一年春頃）書かれた。その後「ガラテヤ書」も（恐らく五一年の末頃）このコリントで書かれたと考えられている。この後パウロはコリントの滞在を終え、海路小アジアのエペソを経由して、帰路エルサレム教会に上り挨拶をしてアンテオケの母教会に戻った。

（4）第三回伝道旅行

間もなくパウロは三回目の伝道旅行に出る決心をした。彼が出発したのはＡＤ五二年の春頃と推定される。この時も二回目と同様、陸路を通って小アジアの教会を励ましながら当時アジアの中心都市であったエペソ（小アジア西岸、トロアスの南方の都市）に向かった。

エペソではパウロは三年間滞在することになったが、彼はそこに滞在中、コリントの教会でいろいろなもめごとが起こっているというニュースを聞いた。彼は生みの親として心配でたまらず、コリントの教会に手紙を書き、弟子（テモテ）を送り、ついに自分も出掛けて解決に当たろうとした。このような中、最初の段階で祈りと愛情を込め書かれた訓戒の手紙の一つが「コリント人への第一の手紙」なのである。しかしながらコリントの教会の問題は容易に解決せず、彼は改めて問題解決のため弟子テトスを送った。その後テトスの帰りを待ち切れず、パウロは途中のトロアスまで出向くが、そこでもテトスに会えなかった。彼はついに海を渡りマケドニヤまで行きテトスを待つことにしたが（ＡＤ五五年秋）、そこにテトスが、問題が解決したとのうれしい知らせをもって帰ってきたのである。パウロは大喜びでそこから「コリント人への第二の手紙」を書いた。そしてＡＤ五六年の初め頃、彼は懐かしい信者に迎えられながらコリントの教会に着いたのである。

パウロは、問題の解決したコリントでしばらくくつろぎながら落ち着いた気持ちで「ローマ人への手紙」を書いた。それはやがて彼がローマを訪問する時に備え、前もって自分の考えをローマ教会の人たちに理解してもらうためであった。彼はその時、既にローマを拠点としたイスパニヤ（スペイン）への伝道（ロマ一五・二八）を考えていたのである。

（５）ローマへの旅

ＡＤ五六年春、パウロはコリントを出発、各地の教会で集めた義援金を携えてエルサレムの本部教会に上った。エルサレムに到着したのは五六年の初夏の頃である。ところが彼はこのエルサレムでユダヤ教徒に捕まり、訴えられてローマの官憲に捕縛されるのである。

ローマの官憲は彼がローマ市民であることを知ると、彼を保護し総督府のあるカイザリヤ港（地中海に面したパレスチナ西岸の港）まで護送した。パウロはそこで二年間（五八年夏まで）監禁生活を送ったが、彼が皇帝への上訴を申し入れたので、五八年秋ローマに向かって海路を出発した。パウロの乗った船は途中難破するなど多くの苦労があったが、最終的に彼がローマに入ったのは六〇年の春頃と考えられている。

パウロはそこで緩やかな監禁生活を二年ほど過ごしたが、彼の獄中書簡（エペソ、ピリピ、コロサイ、ピレモン）はここで書かれたものと考えられている（一説にはエペソでともいわれる）。それ以後、彼の消息は不明となる。恐らくそれから二年後に起こるネロの迫害（六四年）の時、殉教したのではないかというのが一般的な考え方である。

それにしても、パウロの宣教に対する情熱的な生き方には我々も圧倒される。彼は外的には風采の上がらない人であったらしい（第二コリント一〇・一〇）。パウロの偉大さは、ひとえに彼の内面から生まれ出てきたものであった。彼は実践面で情熱的な宣教活動を展開しただけでなく、神と人とを思うに熱く、またしっかりした論理性をもちながら豊かな霊性をも備えた人であった。このような彼のもつ内面的豊かさのゆえに、多くの人たちが時を越え彼から大きな感化を受けてきたのである。

ところでパウロの諸文書について若干コメントを付け加えておきたい。その一つは、パウロは彼の文書の中で当時教会の中にあったユダヤ教主義（律法の遵守を主張する思想）と闘うため、信仰義認思想を強調している点である。これは彼の〝行い〟の軽視ではなく――彼は誰よりも実践の人であった――、あくまでユダヤ教の律法主義との戦いの中で発せられている言葉であることに留意すべきである。

もう一つは、当時の教会は既にイエスの十字架と復活を経たのちの教会であったため、イエスの〝神の国〟の福音が当時の教会によって〝十字架による救い〟の福音に再解釈され、彼の書簡の中で論じられている点である。すなわちそこでの救済観は、統一運動でいう〝第二次摂理〟の救済観であることに留意する必要がある。

6　ローマ帝国の迫害とユダヤの滅亡

ＡＤ六四年七月十九日、ローマで大火が発生したが、時の皇帝ネロはこれをキリスト教徒のせいにして迫害に出てきた。多くの信徒が獄舎につながれ、ある者は獣の餌食とされ、またある者は十字架上で焼き殺された。ペテロやパウロもこの時殉教したと考えられている。八〇年代に入り、ドミチアヌス帝（在位八一〜九六）の時代になると、ローマ帝国のキリスト教迫害は本格的なものになってきた。それまではネロの迫害といえどもローマ市内だけの部分的、また一時的なものであったが、それ以後迫害はローマ帝国全域に及び、また継続的なものとなった。このような状況下、キリスト教はそれまでの公然とした活動から地下活動へとその宣教形態を変えていった。当時ローマではカタコンベといわれる死者を埋葬する地下の洞窟が、キリスト教徒らの秘密の集会所となった。新約聖書のパウロの書簡以外のほとんどの文書は、こういう迫害下で書かれたものである。

さて、キリスト教がローマ国内で大きな試練に遭っていた時期、パレスチナでも歴史的な大事件が起こっていた。六六年ユダヤ総督フロールスの横暴に対し、エルサレムのユダヤ人が反乱を起こしたが、それが本格的なローマ対ユダヤの戦争に発展した。

第一次ユダヤ戦争と呼ばれるこの戦争では、初めローマ軍はユダヤ人の激しい抵抗に遭い苦心したが、七〇年になりついにエルサレムは陥落、反乱は鎮圧された。この戦争では老若男女百万人以上のユダヤ人が殺され、エルサレムの町は完全に破壊され人影は見られなくなったという。この時神殿も炎上し喪失した。またこの戦争ののち、残党の立てこもったマサダの要塞ではローマ軍に包囲された九百六十人もの老若男女が集団自決する事件や、残党の逃げ込んだガムラの町では、ローマ軍により四千人もの人々が殺され、追い詰められた人たちは次々と断崖から身を投じて命を絶つという悲劇も起こった。

ところでこの騒乱の中、キリスト教の総本山であったエルサレムの教会はどうであったかといえば、彼らはヨルダン川の東岸ペレア地方に避難していたといわれる。そのため教会の絶滅は避けられたが、存在基盤を失い、その後エルサレム教会はほとんど力を失うことになった。

さてその後、一三〇年になってローマ皇帝ハドリアヌスはエルサレムをジュピター神殿のあるローマ風の都市に造り直すことを宣言するとともに、時代にそぐわないとしてユダヤ人の割礼などを禁止する反ユダヤ政策を実施した。結果、一三二年これに反発したバル・コクバ率いるユダヤ人たちが一斉に蜂起する。第二次ユダヤ戦争（バル・コクバの乱）の勃発である。これには国民的宗教指導者ラビ・アキバも支持を表明したため――彼はバル・コクバを民数記二四・一七に預言されたメシヤ（星）だとした――、反乱はユダヤ全土に広まった。

反乱側の勢力は一時ローマ軍をユダヤから追い出す勢いを見せたが、ローマの将軍セウェルスが投入されるに及び劣勢となり、ついに一三五年エルサレムはローマ軍の手に落ち、反乱は鎮圧される。この時六十万人に近いユダヤ人が殺され、バル・コクバは戦死、ラビ・アキバは処刑された。その後ユダヤは、ローマの属州であったシリヤの一部とされ、地名もユダヤ人の敵であったペリシテ人にちなんでパレスチナと改名されただけでなく、ユダヤ人たちがエルサレムへの立ち入りさえ禁止されてしまう。ここにユダヤ人は完全に国家を失い、亡国の民となって世界に散っていった。

7「ヨハネ文書」の時代

さて話を聖書の世界に戻すが、新約聖書の中の「ヨハネによる福音書」、「ヨハネの第一・二・三の手紙」、「ヨハネの黙示録」は、まとめて「ヨハネ文書」と呼ばれる。元来これらの著者は、イエスの三大弟子（ペテロ、ヤコブ、ヨハネ）の一人であるヨハネのものと信じられてきたが、近代の聖書研究の結果、これに疑問が示されることになった。というのは「ヨハネの福音書」などを見ると、イエスを「神の言《ことば》（ロゴス）」というような高度なギリシャ思想で説明し、また原文も洗練されたギリシャ語で書かれていて、到底ガリラヤの漁師出身のヨハネには書けないと思われることや、また内容からもイエスと生活を共にした者としての歴史的なイエスの姿が感じられないこと、などがその理由である。

これに対し、教父パピアス（六〇／七五～一三〇／一六三）の伝えるところによれば、ＡＤ一〇〇年頃エペソ教会の指導者に「長老ヨハネ」という人物がいて、彼は使徒ヨハネの弟子でギリシャ思想にも通じていたとされている。そこで今日では、この人物がヨハネ文書の著者であろうと考えられるようになった。

一〇〇年頃といえばギリシャ思想が中心の時代であり、特に長老ヨハネのいたエペソは、有名なギリシャ哲学者ヘラクレイトスの故郷でもあった。恐らくその当時、こういうギリシャ思想に対抗できる福音理解が要請されたのであり、それに応えるため「ヨハネ文書」が書かれたのであろうと考えられている。

キリスト教はパウロによってユダヤ教を脱したが、キリスト教を世界的また普遍的なものにしたのはこのヨハネの思想である。「黙示録」に対しては若干問題があるが、「ヨハネによる福音書」と「ヨハネの手紙」は同一人物のものとみなされ、この「長老ヨハネ」のものと考えられている。ヨハネ文書のもつ内容は極めて優れており、著者は偉大な神学者である。彼の主張によると、イエスこそギリシャ哲学の言うロゴス（理法）そのものであって、パウロではまだそこまで徹せられていないが、ヨハネによってイエスは永遠の神の子とされ神格化されたのであった。一般的に見て、パウロの神学は救済論的または贖罪《しょくざい》論的に見ていこうとするのに対して、ヨハネのそれは創造論的である。すなわち彼の文書の中には、〝光〟、〝命〟、〝愛〟というようなテーマが常に強調されて出てくる。ヨハネ文書によってキリスト教は、非常に明るく、また未来に対して開けたものとなっただけでなく、そこでは信仰と知識と愛とが一つになって神に結ばれている。

ここにおいてキリスト教は一つの完成の域に達し、その後の教父たちに受け継がれ世界的宗教となっていったのである。

第3章　四福音書に関する批評学的研究

さて、キリスト教の原点に位置する〝イエス〟について、現代の我々が入手できる資料としては、新約聖書の中の四つの福音書以外にはない。そこでこの四つの福音書の成立に関して、批評学的観点からの研究が注目されてきた。

1　マルコ福音書先行説

従来、四つの福音書のうち、最初に置かれているマタイ福音書が、一番早く書かれたものと信じられてきた。ところが十九世紀になってドイツのカール・ラハマン（一七九三〜一八五一）は、初期のものほど素朴で生き生きした表現であるはずだとの考えに基づき検討した結果、マルコ福音書が最も単純素朴であり、他のものは複雑で文学的技巧が見られることが分かった。またマルコ福音書の内容が、マタイ福音書とルカ福音書にかなり含まれていることも分かった。

また一方、ほかの歴史文書にはペテロの通訳をしていたマルコがキリストの言行録を書いたという記録が残っている。もしそれがマルコ福音書だとするとマルコ福音書はかなり初期のものになる。このようなことから、マタイ福音書先行説に代わってマルコ福音書先行説が認められることになり、マルコ福音書を資料としてマタイ福音書とルカ福音書が書かれたと考えられるようになった。

その後、研究が進むにつれマタイ福音書とルカ福音書には共通するがマルコ福音書にはない部分のあることが分かってきた。ちょうどそれはイエスが語っている教訓の部分である。そこで次に述べる二資料説が登場することになった。

2　二資料説

ドイツのライプチヒ大学のC・H・ヴァイセ（一八〇一～一八六六）は、マタイ福音書とルカ福音書の資料としてマルコ福音書のほかにイエスの教訓の部分で両者に共通するもう一つの資料があったと唱えたが、その後神学的にその資料は〝Q（独語の資料を意味するQuelleから来ている）〟と呼ばれることになった。ところで、他の歴史的な記録によると使徒マタイがイエスの教訓集

〝ロギア（み言集）〟を書いたとされている。そこで、この〝ロギア〟こそ〝Ｑ〟ではないかと考えられるようになった。また同時に、マタイによる福音書の〝マタイ〟という言葉も、資料として使われたマタイのロギアに関連して付けられたものであろうとも考えられた。これがマルコ福音書とＱ（ロギア）の二つの資料を使ってマタイ福音書とルカ福音書が書かれたとする二資料説である。この学説は二十世紀前半広く受け入れられることになったが、その後この二資料説だけでも説明できない部分がマタイ福音書にもルカ福音書にもあることが分かってきた。そこで四資料説が出てきた。

３　四資料説と福音書の成立

イギリスのオックスフォード大学のＢ・Ｈ・ストリーター（一八七四～一九三七）は、マルコ福音書とＱのほかに、マタイ福音書特有の資料〝Ｍ〟とルカ福音書特有の資料〝Ｌ〟とが存在するとする四資料説を主張した。その後もこれに類するいろいろな意見が出されたが、今ではおおむねこの四資料説に準じる考え方が受け入れられている。

以上、これまで論じてきた内容を踏まえて今日考えられている四福音書の成立過程を簡略に述べると次のようになる。すなわちまずQが五〇年頃に作られ、次にマルコ福音書、L、Mが六〇年代に作られた。そしてこの四つの資料を使ってマタイ福音書とルカ福音書が八〇年代にできた。そして最後にマルコ福音書、マタイ福音書、ルカ福音書を参考にして、それに独自の資料も加えて一〇〇年頃にヨハネ福音書ができた、というのである。

第4章　新約聖書の各書解説

1　マタイによる福音書

古くから本書はマタイという名が付けられているので、十二弟子の一人マタイの作と信じられてきた。しかしながら近代の批評学的聖書研究の結果、それに疑問が投げかけられることになった。その理由は、マルコ福音書からの引用のあること、すなわち使徒マタイが使徒でもないマルコの文章を引用するはずがないと思われること、また使徒マタイは取税人という極めて下級の出身であり、本書に見られるように立派なギリシャ語や背後に教養のあることを思わせる文章は、彼には書き得ないと考えられること、などである。

そういうわけで今日、本書の著者が使徒マタイであるという考えは学問的には認められない。一方本書の内容をよく見ると高度なユダヤ教の知識に基づいて書かれていることが分かる。すなわち全体の内容をモーセ五書にならい明確に五つに区切っているだけでなく、出てくる数字がすべて三、五、七などユダヤ教の伝統に基づく数で整理されている。また全体的に旧約からの引用が多く、結論的にイエスこそユダヤ教で預言されてきたメシヤであると訴えようとしていることなどである。このようなことから本書の著者は恐らくユダヤ教のラビ出身の人物で、本書はユダヤ人またはユダヤ人出身のキリスト者を対象に書かれたものと考えられるようになった。

しかしながら著者は決してユダヤ教的視野にとどまっているわけではない。そこから世界に至ろうという目もしっかり持っていることも見逃してはならない。「あなたがたは行って、すべての国民を弟子として……」（マタイ二八・一九）。本書が書かれたのはＡＤ八〇年代で、書かれた場所はアンテオケとする説が最も有力である。

さて本書の冒頭にはイエスの系図が出てくる。実はこの系図は史実に忠実なものではなく、ユダヤ教的伝統に基づき、数を合わせるために一部省略（ヨラムからウジヤの間）されている。イエスの系図に関してはルカ福音書三章もあるが、本書の系図とはダビデ以降全く違っている。また本書の系図ではマリヤの夫ヨセフの父はヤコブになっているが、ルカ福音書ではヘリになっている。これらについては、以下のように説明されることもある。すなわちマタイ福音書はヨセフの家系を示しており、ルカ福音書はマリヤの家系を示しているというのである。ただしルカ福音書はユダヤの習慣に従って系図に女性名（マリヤ）を使用することを避け、すなわちイエス―マリヤ―ヘリとせず、イエス―ヨセフ（義理の息子）―ヘリとして表現しているというのである。少しこじつけに聞こえないわけではない。（NTD新約聖書註解2、一六頁参照）しかし肉的にはイエスはヨセフではなくマリヤの血を引いているのであるから、このような考え方も理解できなくはない。

一章一八節以下はイエスの誕生物語である。ここでの「見よ、おとめがみごもって男の子を産むであろう。……」はイザヤ書七章一四節からの引用であるが、この聖句は古くからイエスの処女降誕の聖書的根拠とされてきた。しかしながら最近の研究では、ヘブライ語原典にある〝おとめ（アルマー）〟という文字は必ずしも処女を意味せず、〝成熟した若い女〟の意であるといわれている。

二章には東方の博士の物語が出てくる。「星を見たので」（二・二）とあるところから占星学的背景をもつ「博士」であったと思われるが、この物語に関し山本七平氏は同氏の著書の中で以下のような興味深いことを言っている。すなわち、この物語は単なる伝説ではなく、イエス誕生の頃、木星と土星が三度にわたって異常接近（BC七年）したことが天文学者たちにより突き止められたということで、同氏によればこれらのことが、この物語に反映されているのではないかという（『聖書の常識 聖書の真実』講談社、七八〜七九頁）。

五章から七章は「こころの貧しい人たちは、さいわいである……」（五・三）から始まる有名な「山上の垂訓」である。この部分にイエスの倫理観が集約され記されている。「あなたがたは、地の塩である。もし塩のききめがなくなったら、何によってその味が取りもどされようか」（五・一三）、「右の頰を打つなら、ほかの頰をも向けてやりなさい……下着を取ろうとする者には、上着をも与えなさい」（五・三九〜四〇）、「敵を愛し、迫害する者のために祈れ」（五・四四）、「あなたは施しをする場合、右の手のしていることを左の手に知らせるな」（六・三）、とイエスの珠玉の言葉が続く、以下のような力強い励ましの言葉とともに。「求めよ。そうすれば、与えられるであろう。捜せ、そうすれば、見いだすであろう。門をたたけ、そうすれば、あけてもらえるであろう」（七・七）。

六章九節から一三節は、いわゆる「主の祈り」と呼ばれる部分である。この祈りの文は、実際はもう少し整えられた形になっているが「天にまします我らの父よ……」（一九五四年版「賛美歌」五六四番参照）で始まるクリスチャンなら誰でも暗記している祈りの文で、聖日の礼拝ではどこの教会でも唱和される。この祈りの文は多くの教派（プロテスタント）で同一なため、一致のシンボルとして、よくエキュメニカル（超教派的）な集会でも用いられる。この祈りの中心テーマが「御国がきますように。みこころが天に行われるとおり、地にも行われますように」であることに注意したい。七章一二節の「何事でも人々からしてほしいと望むことは、人々にもそのとおりにせよ」は、黄金律と呼ばれる部分でキリスト教倫理の原点とされるところ。いわゆる統一運動の「ために生きる」精神である。

一〇章はイエスが弟子たちを開拓伝道に送り出す場面。「二羽のすずめは一アサリオンで売られているではないか。しかもあなたがたの父の許しがなければ、その一羽も地に落ちることはない」（一〇・二九）。イエスの力強い激励の言葉である。「あなたがたの父」という言葉もうれしい。

一六章一六節ではペテロは「あなたこそ、生ける神の子キリストです」と信仰告白をする。それに対してイエスは「この岩の上にわたしの教会を建てよう」（一六・一八）と答えている。〝この岩〟をペテロと見るか、ペテロの信仰告白と見るか、カトリックは前者を採り、プロテスタントでは後者を採ろうとする。このあとの「たとい人が全世界をもうけても、自分の命を損したら、なんの得になろうか」（一六・二六）も心に留めておきたい聖句である。二四章から二五章は小黙示録と呼ばれる部分で、イエスの終末に関する説教である。

2　マルコによる福音書

本書は四つの福音書の中でも最も古いものと考えられ、全体的に写実的で単純で四福音書の中で最も短い。著者はマルコであることはほとんど確定的である。使徒行伝一二章一二節によればマルコはエルサレムに住むマリヤという女性の息子で、バルナバとはいとこ同士である（コロサイ四・一〇）。彼はペテロの通訳をしていたとの伝承もあり、またパウロに仕えた経験もあった（行伝一二・二五）。彼はイエスの直弟子ではなかったが、十二弟子たちと交わる機会が多くあったと思われる。

本書の書かれた年代は、全体として切迫した殉教精神が強調されているところからネロの迫害（六四年）直後と考えられ、書かれた場所はローマと推定される。というのはその内容を見ると、ユダヤ人の習慣についてわざわざ説明が加えられている部分があること、また部分的にラテン語が用いられていることなど、書かれた背景が異邦人社会であることを思わせるからである。恐らく本書は、迫害の直後、動揺した信徒たちを励まし教育する必要に迫られ書かれたのであろう。本書には誕生物語がなく、イエスの公生涯と受難の記事が重視されており、また殉教精神の奨励とともにイエスが神の子であるとの弁証が強調されている。

一章三五節にはイエスの早天祈祷の姿が見える。メシヤはまず祈りの人である。三章一二節と八章三〇節には「メシヤの秘密」と呼ばれる部分がある。これはイエスが弟子たちに、自分のメシヤであることを公言してはいけないと戒めている部分で、神学的に注目される部分である。九章二～八節は有名な「変貌山」の話。ここで弟子たちは、イエスがモーセとエリヤに会い彼らと話し合う場面を目撃する。一一章一五～一八節はイエスの「宮きよめ」と呼ばれる部分で、その日イエスは「宮に入り、宮の庭で売り買いしていた人々を追い出しはじめ、両替人の台や、はとを売る者の腰掛をくつがえし」（一一・一五）た。優しいイメージとは対照的なイエスの激しい一面が記されている。一四章の「ナルドの香油」（一四・三～）にちなむ話は、イエスの預言どおり全世界に伝えられることになった。

3　ルカによる福音書

本書の書名は〝ルカによる〟となっているが、本書の中にはルカが著者であるという明確な表現は認められない。しかしながら古い伝承により一般的に本書は医者ルカによって書かれたと信じられてきており、これはそのまま信じてよいとされる。

医者ルカは、伝承によればシリヤのアンテオケ出身で、マケドニヤの恐らくピリピに住んでいたと考えられている。彼はパウロの三回目の伝道旅行の途中、ピリピから一行に加わったが、その後パウロと最後まで行動を共にした。「デマスはこの世を愛し、わたしを捨ててテサロニケに行ってしまい、クレスケンスはガラテヤに、テトスはダルマテヤに行った。ただルカだけが、わたしのもとにいる」（第二テモテ四・一〇〜一一）というパウロの言葉からも、いかにルカはパウロを愛し献身的に仕えていたかが分かる。

序文の中に、本書がテオピロという人物に宛てて書かれたことが記されている。テオピロについてはほとんど何も分かっていないが、「閣下」という敬称がついているところからローマの高官であったことには間違いない。本書の書かれた年代は明確ではないがマルコ福音書からの引用があることなどから、マタイ福音書と同じく八〇年代に書かれたと考えられている。この頃はそれまで以上にローマ帝国の迫害が激しくなり始めた頃で、本書がローマ高官に宛てられていること、また以下に述べるような特徴から本書は、ローマ社会へキリスト教の弁証を一つの目的として書かれたものと考えられている。

すなわちルカ福音書のもつ特徴の一つにその〝世界性〟とでもいうべきものが挙げられる。そこではイエスは単なるユダヤ人の救い主というだけではなく、〝世界の救い主〟としての姿が強調されている。イエスはユダヤ人だけではなく、ローマ人にも必要な救い主なのである。そしてまた、その救い主はローマに反抗する救い主ではなく、全ての人々を、愛をもって受け入れる〝平和の君〟なる救い主なのである。ルカ福音書におけるイエスは貧しい人々に関心を示し、女、子供に優しい心遣いをするとともに、罪人ともすすんで交わりを持とうとする。そこには〝人の子〟イエスの姿がある。また、ルカ福音書はその文体が実に美しく、内容が包括的であるといわれる。これらの特徴の全ては、異邦人社会に対するキリスト教の弁証に大きく役立つものといえる。ルカ福音書の書かれた場所について定説はないが、アンテオケとも、コリントとも、ローマともいわれている。

一章四六節から五五節は「マリヤの賛歌」（マグニフィカト）と呼ばれる有名な部分。一〇章二九節からは隣人愛の典型としての「よきサマリヤ人」の話。一三章三一節以下はイエスの決死的な決意表明である。「きょうもあすも、またその次の日も、わたしは進んで行かねばならない。預言者がエルサレム以外の地で死ぬことは、あり得ないからである」（一三・三三）。ここではヘロデ王を「あのきつね」と呼び捨てにするなどイエスの激しい内面が吐露《とろ》されている。優しいだけがメシヤではない。

一五章一一節からは有名な「放蕩《ほうとう》息子」の話で、親なる神の心情が誰でも分かる例話をもって語られる。一六章一九節以下の「金持ちとラザロ」の話は、イエスの来世観が反映されているともいえる注目したいところ。一九章一節からは「取税人ザアカイ」の話。低い者のところまで下りて来られるキリストの愛を伝えるこの話は、常にキリスト教の布教の場で引用されてきた。その当時悪人の代表のように思われていた取税人のかしらザアカイは、通り過ぎるイエスを一目見たいと思うが、背が低く、群衆に遮られて見ることができない。そこで彼は近くのいちじく桑の木に登ってイエスを待っていた。そこに通りかかったイエスは、上を見あげて「ザアカイよ、急いで下りてきなさい。きょう、あなたの家に泊まることにしているから」（一九・五）と呼びかける。この〝サプライズ〟に、喜びのあまり転げ落ちるように木を降りるザアカイ……。このイエスの呼びかけの声は、また全ての人々への呼びかけの声でもあった。

4　ヨハネによる福音書

本書は、前述の三福音書が共観福音書と呼ばれるのに対し、第四福音書と呼ばれ区別される。というのは前述の三書と比べて、本書はその性質を著しく異にするからである。本書の著者については、近年の批評学的研究の結果、ＡＤ一〇〇年頃エペソの教会にギリシャ思想に通じた

〝長老ヨハネ〟と呼ばれる人物がいたとされ、この人物が本書の著者と考えられるようになったことなどは前述したとおりである。したがってこの考えに従えば、本書は一〇〇年前後に小アジアで書かれたと考えられる。

本書の書かれた一世紀末の教会は、以下に挙げるような様々な問題に直面していた。恐らくこれらの問題に解決を与えるため、本書が書かれたと思われている。その第一は、ギリシャ思想との対決、またその克服の問題である。当時の社会は、政治的にはローマの支配下にあったが、思想的にはギリシャ思想が中心で、有識者層は全てギリシャ思想に依《よ》っていた。こういう人たちにキリスト教を弁明し宣教の道を拡大していくには、ギリシャ思想の克服としての福音理解を示す必要があった。ヨハネは〝ロゴス（ことば）〟というギリシャ哲学の概念を使い、これをキリストと結びつけることによってそれをなそうとしている。

また、ギリシャ思想との関連においてはグノーシス主義との対決もあった。グノーシス主義はキリスト教とギリシャ哲学との混合によってつくられた思想で、肉を悪と見、霊を善と見る二元論の思想である。そこでは、神の子であるキリストが悪なる肉体をとって来るはずはないとされ、キリストは霊として来たと主張される。このグノーシス主義は当時小アジア一帯を脅かしていたが、こうした異端思想に対しヨハネは「そして言《ことば》は肉体となり、わたしたちのうちに宿った」（一・一四）と記し、イエスは肉体をとって世に来たロゴス——受肉のロゴス——だとしてそれを排撃している。

第二に、一〇〇年頃ともなると、すぐにも来ると信じられていた終末、再臨が遅いということで信仰的に動揺をきたす者が現れてきた。それに対してヨハネは、終末とともに救われるのではなく、光であり、愛であり、命であり、真理であるキリストを信じ受け入れることにより救われるのである、と教えようとしている。

第三に、時間の経過とともに初代教会の息吹が失われ、信仰の形骸化が問題となってきた。そこで、もう一度見失いつつある霊的生命を取り戻そうとする努力が本書の中に見られる。それゆえ他の福音書（共観福音）は歴史的記録という観点が強いのに対し、本書はそこで起こったことをいかに信仰的に理解し、捉えるかということに力点が置かれていて、それは歴史的記録というよりヨハネの信仰告白に近いものになっている。

第四に、ユダヤ主義との闘いである。キリスト教はユダヤ教を母体として出てきた宗教であるが、その内容は民族的な次元を超え、世界的に拡大されるべき内容も持っていた。しかしながら当時のキリスト教はまだ十分にユダヤ教やユダヤ主義といった民族的な古い殻を脱し切れずにいたのである。そこでこの問題の克服のため、本書では、ユダヤ教の習慣に一切束縛されない新しい時代に生きるイエス像が明示されている。そこでは安息日を守れというユダヤ人に対し、イエスは「わたしの父は今に至るまで働いておられる。わたしも働くのである」（五・一七）ときっぱりと答えている。またそこには、アブラハムの子孫であると誇るユダヤ人に対して「あなたがたは自分の父、すなわち、悪魔から出てきた者」（八・四四）であるとして、彼らの民族的傲慢性を容赦なく砕くイエスが描かれている。このようにキリスト教は、ヨハネの文書の出現とともに完全にユダヤ教の域を脱し、世界宗教としての装いを整えたのであった。

本書は、「初めに言《ことば》があった」（一・一）という有名な冒頭の言葉から始まり、その後はイエスの誕生物語などは省かれ、一気に本論へと話が進められる。三章の初めの方でイエスがユダヤ人の指導者ニコデモに語っている言葉「だれでも新しく生まれなければ、神の国を見ることはできない」（三・三）は重要。ここで示されている「新生」の概念は、いわゆる統一運動で言うメシヤ（真の父母）による「血統転換摂理」を示唆しているものといえる。続く「神はそのひとり子を賜わったほどに、この世を愛して下さった。それは御子を信じる者がひとりも滅びないで、永遠の命を得るためである」（三・一六）はあまりにも有名な聖句。この中にキリスト教のメッセージが凝縮されており、キリスト教徒なら誰でも知っている聖句である。

六章では高度な霊的概念を比喩で話すイエスと、それを理解できないユダヤ人とのちぐはぐな会話が展開する。イエスは「わたしは天から下ってきたパンである」（六・四一）というと、彼らは「これはヨセフの子イエスではないか……天から下ってきたと、どうして今いうのか」（六・四二）といい、またイエスは「人の子の肉を食べず、また、その血を飲まなければ、あなたがたの内に命はない」（六・五三）というと、ユダヤ人だけでなく多くの弟子たちもつまずいて「これは、ひどい言葉だ。だれがそんなことを聞いておられようか」（六・六〇）とつぶやいた。イエスの宣教の苦悩が見て取れる場面である。

八章では姦淫《かんいん》の罪で殺されそうになった女が、イエスの一言で救われる。「あなたがたの中で罪のない者が、まずこの女に石を投げつけるがよい」（八・七）。同じ八章に真の自由についての有名な言葉がある。「真理は、あなたがたに自由を得させるであろう」（八・三二）。九章では生まれつきの盲人の話が出てくる。弟子たちがイエスに「この人が生《うま》れつき盲人なのは、だれが罪を犯したためですか、本人ですか、それともその両親ですか」（九・二）と問うたが、これに対しイエスは「本人が罪を犯したのでもなく、また、その両親が犯したのでもない。ただ神のみわざが、彼の上に現れるためである」（九・三）と答えたのであった。このような聖句があるためキリスト教では、統一運動でいう「遺伝的罪」いわゆる〝先祖からの罪（因縁）〟というような考え方を排斥する。しかしながら聖書のこの部分を本書五章　四節などの病気を罪の結果とする（ＮＤＴ新約聖書註解４、一五五頁参照）イエスの言動を念頭によく読んでみると、ここでのイエスは、弟子たちの質問に真っ向から答えていず、――今は、そんなことが問題でないので――回答をはぐらかしていることが分かる。すなわちここでのイエスの回答は、次に展開する神の業、すなわちその人を癒やすという事柄に弟子たちの注意を向けさせる役割以上の意味を持っていないのである。

一三章では、最後の晩餐《ばんさん》の席上イエスは突然「立ち上がって、上着を脱ぎ、手ぬぐいをとって腰に巻き、それから水をたらいに入れて」（一三・四～五）弟子たちの足を洗い始める。当時足を洗うことは奴隷の仕事とされていたからペテロは驚いて、「わたしの足を決して洗わないで下さい」（一三・八）と叫んだのももっともなことであった。その後、イエスから「主であり、また教師であるわたしが、あなたがたの足を洗ったからには、あなたがたもまた、互に足を洗い合うべきである」（一三・一四）、「わたしがあなたがたを愛したように、あなたがたも互に愛し合いなさい」（一三・三四）という〝新しい戒め〟が言い渡されるのである。

さて、イエスの洗足の儀式に続く一四章から一六章までは「訣別《けつべつ》の説教」と呼ばれる部分で、この世を去るに当たってのイエスの大説教である。そしてこの説教は、「あなたがたは、この世ではなやみがある。しかし、勇気を出しなさい。わたしはすでに世に勝っている」（一六・三三）という力強い励ましの言葉で終わっている。それからイエスは祈りに入る。一七章は「大祭司の祈り」と呼ばれる部分で、イエスのこの世における最後の公的な祈りである。「永遠の命とは、唯一の、まことの神でいますあなたと、また、あなたがつかわされたイエス・キリストとを知ることであります」（一七・三）。その後、イエスは弟子たちと共にゲツセマネの園に向かった。

二〇章からはイエスの復活物語が展開するが、ヨハネ福音書に出てくる復活のイエスは、切実に迫ってきて愛において執拗である。ガリラヤ湖畔で復活のイエスに出会ったペテロは、イエスから三度も「わたしを愛するか」と問われたので、心を痛めて「主よ、あなたはすべてをご存じです。わたしがあなたを愛していることは、おわかりになっています」と答えたが、これに対してイエスの言葉は、三度とも同じ「わたしの羊を養いなさい」（二一・一五〜一七）という威厳に満ちた勧めの言葉であった。

5　使徒行伝

以上で福音書は終わり、次に新約聖書では唯一歴史書として分類される「使徒行伝」に入る。

本書は「ルカ福音書」の続編として書かれた。したがって書かれた年代もルカ福音書と同じ頃と推定され、恐らく八〇年代と考えられている。著者は医者ルカである。本書はイエスの死後、教会がどのように発展していったかをかなり忠実に記録しており、初代キリスト教を知る上で貴重な文献とされる。特に後半ではルカ自身が直接歩んだ記録と思われる部分があり、歴史的に最も信頼できる部分である。それらは「わたしたちは」という言葉が使われている部分で「われら史料」と呼ばれる部分である。例えば一六章一〇～一七節には「神がわたしたちをお招きになったのだと確信して、わたしたちは、ただちに……」（一六・一〇）と記されている。ほかにも二〇章五～一五節、二一章一～一八節、二七章一節～二八章一六節などにそれが見られる。

本書の特徴の一つは、多くの演説や説教が含まれている点である。これは当時の歴史家たちが好んで使用した表現方法で、登場人物に語らせることにより事柄を説明する方法である。ところで注目して見ると、本書に出てくる演説や説教には一つの決まった形式のあることが分かる。すなわち、①約束の時代が来た、②それはイエスの生涯、十字架、復活を通して来た、③そしてそのしるしとして聖霊が与えられた、というような内容である。これらは当時既に宣教、すなわち教えを宣べ伝えることに対して一定の形式が成立していたことを示すもので、このように一つのまとまった形式をもつ宣教内容のことを学者たちは〝ケリグマ（宣教）〟と呼んでいる。これはキリスト教の教理の根幹となったものである。

本書は、次のように内容を分けることができる。

第一部　初代教会の成立と発展（一章〜一二章）

（1）イエスの昇天と聖霊降臨（一・一〜二・四七）

（2）エルサレムでの使徒たちの活動とステパノの殉教（三・一〜八・三）

（3）パウロの回心とユダヤ・サマリヤでの使徒たちの活動（八・四〜一二・二五）

第二部　パウロの伝道（一三章〜二八章）

（1）第一回伝道旅行とエルサレム使徒会議（一三・一〜一五・三五）

（2）第二回伝道旅行（一五・三六〜一八・二二）

（3）第三回伝道旅行（一八・二三〜二一・一四）

（4）パウロの逮捕とローマへの旅（二一・一五〜二八・三一）

イエスは復活したのち、四十日間にわたって弟子たちに現れたが、その後昇天していった（一・九）。それから十日後に聖霊降臨（ペンテコステ）が起こるのである（二・一〜）。その日、百二十人ばかりの弟子たちがエルサレムの泊まっていた屋上の間に集まっていたが、突然激しい風が吹くような音が天から起こり、舌のようなものが炎のように分かれて一人びとりの上にとどまった。すると一同は聖霊に満たされ、聖霊の語らせるままに他国の言葉――いわゆる異言と考えられる――で語り出した、というのである。本書はこの物音（騒ぎ）に驚いて大勢の人が集まってきたと記しているが、百二十人もの人たちが一斉に霊がかりになり叫び出したのであるから当然といえば当然である。しかしながら突然不思議な音と共に聖霊を受け、いきなり自分の口から異言が飛び出してきた本人たちにとっては、正に衝撃的で決定的な体験であったに違いない。以後、弟子たちは霊に燃え、絶対的な確信と希望にあふれて爆発的な伝道を展開してゆく。彼らは宮の中でも外でも人が集まっているところに行っては、大胆にイエスの福音を宣べ伝え始めたのであった（三・一二～）。

このようなイエスの弟子たちの活発な動きに対し、危機感を覚えたユダヤ教の主流の者たちは激しい迫害に出てきた（五・一七）。そのような中でキリスト教の最初の殉教者となったのがステパノである。彼の殉教物語は六章八節から始まる。ステパノの死を前にした大説教は堂々として力強い（七・二～五三）。九章には、劇的なパウロの回心の物語が記されている。一〇章九節から始まるペテロの幻の話は、キリスト教がいかにして異邦人（非ユダヤ人）伝道に導かれていったかが記されており興味深い。それまでは「異邦人の道に行くな」（マタイ一〇・五）というのがイエスの教えであった。神の摂理は時とともに変更され、また発展する。

一一章一九節以下には、エルサレム教会に続いてキリスト教宣教の大きな拠点となったアンテオケ教会成立の過程が描かれている。アンテオケはシリヤの西方、地中海に近い都市であったが、パウロやパウロの後見人としてのバルナバはここを拠点として異邦人伝道を展開した。またこの地でキリスト教徒は、他の人たちからクリスチャンと呼ばれるようになった（一一・二六）。

＊

使徒たちの活動が活発になるにつれ、ユダヤ人たちからの迫害も激しくなっていった。一二章にはイエスの三大弟子の一人ヤコブがヘロデ王――ヘロデ・アグリッパ一世、イエス誕生時ユダヤを治めていたヘロデ大王の孫に当たる――の迫害により、剣で殺されたことが記録されている。ヤコブに続いてペテロも捕らえられるが、信徒たちの熱心な祈りが捧げられる中、彼は天使に助けられ、奇跡的に獄を脱出することができた。そして身を隠すために向かったのがマルコと呼ばれていたヨハネの母マリヤの家であった（一二・一二）。その家には大きな広間があり、その日多くの信徒たちがそこでペテロのために祈りを捧げていたのである。実は、この部屋こそ初代キリスト教のエルサレム本部となった部屋であり、またあの最後の晩餐やペンテコステのあった「屋上の間」（一・一三）であったのかもしれないと考えられている（『聖書事典』「マリヤ」の項・日本基督教団出版局）。いわゆる〝マルコの屋根裏部屋〟と呼ばれる部屋である。ちなみにこの〝マルコと呼ばれていたヨハネ〟とは、いわゆるマルコ福音書の著者のマルコのことであり、ペテロやバルナバにも仕えたことのある人物である。

一三章からはパウロとバルナバによる第一回伝道旅行、そして一五章には律法を守るべきか否かで大議論が行われたエルサレム使徒会議のことが記されている。一五章三六節以下からはパウロの第二回伝道旅行である。この時パウロは助手としてシラスを連れて行ったが、彼らがルステラという所に来たとき、その地で評判良い信徒であったテモテを見つけ、彼も一緒に連れて行くことにした（一六・一〜）。

彼らが小アジア西端の港町トロアスに着いた時、パウロは夢の導きを受け、そこから海を渡ってマケドニヤ（ヨーロッパ）に宣教の足を伸ばした（一六・九〜一〇）。マケドニヤに渡った彼らは、ピリピ、テサロニケと宣教の旅を続け、ギリシャのアテネを通過してコリントに達した。一八章三節には、コリントで天幕造りをしながら自給伝道に励むパウロの姿が記録されている。

一八章二三節以下はパウロの第三回伝道旅行である。この時もパウロはアンテオケから出発し、小アジアを通過して海を渡りマケドニヤ、ギリシャの諸教会を訪ねた。この伝道旅行の帰路パウロはエルサレムに立ち寄ったが、彼はここでユダヤ人たちに捕まり、彼らの訴えによりローマの官憲に捕縛される（二一・三〇）。パウロは一旦ローマの総督府が置かれていたカイザリヤに護送され（二三・三三）、そこで二年ばかり監禁生活を送ったが、ローマの市民権を持っていた彼はカイザル（ローマ皇帝）に上訴したのでローマに運ばれることになった（二五・一二）。

二七章以下はパウロのローマへの旅である。パウロの乗った船はカイザリヤを出帆し、小アジア沿岸の各地に立ち寄ったのち、クレテ島（ギリシャの沖合いに浮かぶ島）の南岸に沿って進んだが、間もなく大嵐に遭遇する。船は嵐にもまれ十数日間も漂流したのち、とある島の浅瀬に乗り上げ航行不能になってしまった。一行は板切れなどにつかまってやっとその島に上陸したが、その島がマルタ島（シシリヤ島の南方にある小島）であった（二八・一）。パウロたち一行はそこで一冬過ごしたのち、別の船でローマに出帆した。

その後、彼らはイタリヤ半島のポテオリに上陸し、そこからアッピア街道を北上してローマに向かったが、知らせを聞いたローマの信徒たちは、途中のアピオ・ポロやトレス・タベルネまでパウロを迎えに出た（二八・一五）。信徒の出迎えを受け元気づけられたパウロは、勇んでローマに向かった。ローマに着いたパウロは番兵をつけられ、一人で住むことを許されたが、彼はそこで早速宣教活動を開始する。パウロは捕らわれの身でありながら、その地の重立ったユダヤ人たちを自分の借りた家に招き、自分はなぜここに来るようになったかを弁明し、その原因となったイエスの福音の解き明かしに日夜勤めた（二八・一七～）。パウロは二年ばかりそこに住み、訪れる人たちに大胆に神の言葉を宣べ伝えたが、ここで本書の記述は終わる。

6　ローマ人への手紙

本書から新約聖書の詩文書として分類される種々の「手紙」に入っていく。

本書は種々の手紙のうち、前半におかれているパウロ書簡の中の教理書簡に分類される最初の一書で、著者はパウロである。本書はパウロ書簡中最大のもので四福音書に次いで重要視されてきた。というのは本書の中にはキリスト教の中心的な教理のほとんどが含まれており、含まれていないのは終末論ぐらいだといわれる。

本書は、パウロの第三回伝道旅行中、コリントの教会で書かれた。書かれた時期はＡＤ五六年の末頃と推定されている。パウロはそれまでローマ教会と直接交流がなかったが、彼はイスパニヤ（スペイン）伝道を思い立ち（一五・二八）、その中継基地としてローマを選んだのであった。そして、彼はローマに行く前に自分の信仰観をローマの教会の人たちに理解してもらい、彼らの協力を得て事に当たろうと考えたのである。それゆえ本書には、パウロの信仰観がよく整理され網羅されて収められている。本書が書かれた時は逗留《とうりゅう》先のコリント教会の諸問題も解決したあとであり、彼はくつろいだ気持ちでじっくり自己の信仰観を書き表すことができた。また本書は三回目の伝道旅行の後半に書かれたこともあり、パウロの信仰観も円熟してきており全体的に含蓄ある内容となっている。

本書がキリスト教の主流を形成してきた人たちに与えた影響は多大であった。例えば本書の聖句（一三・一三〜一四）から回心に導かれたアウグスティヌスがそうであり、本書からインスピレーションを得て宗教改革の道を歩んだルターもそうであった。また現代プロテタントの主流を形成した新正統主義の生みの親の一人カール・バルトも『ロマ書講解』をもって彼の活動を開始したのである。

本書の内容は、大きく二つに分けることができる。前半は神と我との関係、すなわち信仰の本質的問題を扱った部分――いわゆる〝ケリグマ（宣教）〟と呼ばれる部分――で一章から一一章までがそれである。ここでは律法を守ることによるのではなく、イエスを信じる信仰によって義とされるという、すなわち信仰義認の思想が強調されている。後半は一二章以下の部分で、信仰生活のあり方、すなわち信仰者としての倫理問題が論じられており、一般にケリグマに対して〝ディダケー（教訓）〟と呼ばれるものである。

パウロの中心的な信仰観である信仰義認の思想は三章二一節から本格的に展開される。ここでまず彼は「わたしたちは、こう思う。人が義とされるのは、律法の行いによるのではなく、信仰によるのである」（三・二八）と明言し、旧約の救済観とはっきり決別した上で、新約の救済観である信仰義認の思想を順次説明していく。いわゆる統一運動で言う〝行義〟の信仰から〝信義〟の信仰への転換である。

五章の「患難は忍耐を生み出し、忍耐は錬達を生み出し、錬達は希望を生み出す」（五・三〜四）という聖句は有名。五章一二節以下は、キリスト教の原罪説の神学的根拠とされる重要な部分である。「ひとりの罪過によってすべての人が罪に定められたように、ひとりの義なる行為によって、いのちを得させる義がすべての人に及ぶのである」（五・一八）。六章二三節には「罪の支払う報酬は死である」という聖句が出てくる。ところでキリスト教では肉的死を罪の結果とみる傾向あるが、ここでの〝死〟は統一運動の観点から見れば、創世記一章一七節の「取って食べると、きっと死ぬであろう」と記されている〝死〟と同じく〝霊的死〟を意味しており〝肉的死〟を意味していないことに留意する必要がある。八章三五節以下は、自信に満ちたパウロの信仰告白である。「だれが、キリストの愛からわたしたちを離れさせるのか。患難か、苦悩か、迫害か、飢えか、裸か、危難か、剣か。……その他どんな被造物も……神の愛から、わたしたちを引き離すことはできない」（八・三五〜三九）。

一二章から始まる信仰生活に対する勧め（ディダケー）は、どこをとっても力にあふれ、当を得ており、信仰者にとって有益なものとなっている。一三章一三〜一四節はアウグスティヌスの回心のきっかけとなった聖句として有名。「そして、宴楽と泥酔、淫乱と好色、争いとねたみを捨てて、昼歩くように、つつましく歩こうではないか」（一三・一三）。本書は一五章三三節で一旦終わっており、一六章一節以下はパウロの別の手紙が追加されたものともいわれる。

7　コリント人への第一の手紙

本書はパウロ書簡のうち、教理書簡の一つで著者はパウロである。本書の書かれた時期はパウロの第三回伝道旅行中、小アジアのエペソに滞在している時で、ロマ書よりも少し早く五四年の春頃と推定されている。

手紙の宛先になっているコリントは当時ギリシャの中心的な貿易港であった。港町というのは風紀の乱れがちな所で、コリントも例にもれず乱れた大都会であった。パウロは第二回伝道旅行の際、このコリントに来て一年半にわたり伝道し、ここに教会を立てた。しかしながらパウロの去ったのち、乱れた環境の影響もあってか教会の内部では多くの混乱が生じたのである。パウロは三回目の伝道旅行の途中エペソに着いた時、このコリントの教会の問題を聞かされ、戒めつつも愛をもって同教会に書き送った手紙の一つがこの手紙である。

内容は、次のように分けることができる。

（１）教会の混乱に対する警告と戒め（一章～六章）

（２）信仰に関する質問状への解答（七章～一五章）

（３）結びの言葉（一六章）

一章一八節の「十字架の言《ことば》は、滅び行く者には愚かであるが、救《すくい》にあずかるわたしたちには、神の力である」や一章二五節の「神の愚かさは人よりも賢く、神の弱さは人よりも強いからである」といった聖句は、パウロ独特の逆説的表現による熱い勧めの言葉である。これまで多くのキリスト教徒は、彼のこのような励ましの言葉に奮い立たせられてきた。九章一九節以下には、パウロの伝道に対する執念にも似たひた向きな姿勢が記されている。「ユダヤ人には、ユダヤ人のようになった。……弱い人には弱い者になった。……すべての人に対しては、すべての人のようになった。なんとかして幾人かを救うためである」（九・二〇～二二）。一一章二三～二六節は、今日、プロテスタントの聖餐《せいさん》式の式文として使用されている部分。

一三章は有名な「愛の讃歌」である。「愛は寛容であり、愛は情深い。また、ねたむことをしない。愛は高ぶらない、誇らない、不作法をしない、……いらだたない、……そして、すべてを忍び、すべてを信じ、すべてを望み、すべてを耐える。……」(一三・四〜七)。これに続く一三章一〇節以下の部分「全きものが来る時には、部分的なものはすたれる。……」にも注意。ここには再臨と共にすべてのことが明らかにされること——神のみ旨(真理)の完全な開示——が示唆されている。一三章一三節に出てくる〝信仰〟と〝希望〟と〝愛〟は、キリスト教倫理の原点とされ、古来キリスト教における三徳とされてきた。一六章では異邦人教会からエルサレムの本部教会への義援金についての言及がある。パウロは異邦人教会の生みの親として、異邦人教会とエルサレムの教会との仲介の配慮も忘れなかったのである。一六章二二節の「マラナ・タ」はアラム語で「われらの主よ、きたりませ」の意。これは初めエルサレム教会で用いられ、その後——合い言葉のように——原語のまま異邦教会にも伝えられた再臨を願う祈りの言葉である。

8 コリント人への第二の手紙

本書も教理書簡の一つで、著者はパウロである。

ところで、今日我々が持っている聖書にはパウロがコリント教会に宛てた手紙として前述の「第一の手紙」と、この「第二の手紙」の二通が収録されている。しかしながら学者たちの研究によると、少なくともまだほかに二通の手紙があったとされる。その一つは「前の手紙」と呼ばれるもので、「第一の手紙」の中に「わたしは前の手紙で……」（第一コリント五・九）という文章があり、「第一の手紙」の前に既にもう一つの手紙があったと考えられる。次に、「第二の手紙」を見るとその中にも「……多くの涙をもって、あなたがたに書きおくった」（第二コリント二・四）と記されている。これがいわゆる「涙の手紙」と呼ばれるもので、この手紙はいろいろな観点から考えて「前の手紙」や「第一の手紙」とも区別され、『第一の手紙」と「第二の手紙」の間にあったもう一つの別の手紙と考えられている。では、これらの手紙はどう関連するのであろうか。学者たちは聖書に書かれているいろいろな事柄を総合的に判断して、次のように考えている。

パウロはエペソ滞在中、コリント教会の問題解決のためまず「前の手紙」を書き、そのうえで問題解決のため愛弟子テモテをコリントに送った（第一コリント四・一七）。それでも心配なので「第一の手紙」を書いた。ところがなお悪化の一途をたどるコリントの教会に対して彼は居ても立ってもいられず、ついに単身コリントに赴いた（第二コリント一三・一〜一二）。しかしながら、パウロの訪問は功を奏さなかったばかりか彼に敵対するものまで現れたのである。彼は一旦エペソに帰り、憤懣《ふんまん》やるかたない気持ちで最後通牒《つうちょう》ともいうべき「涙の手紙」を書いた。そして追いかけるように今度は弟子のテトスを彼らに差し向けたのである。その後、パウロは一日も早くテトスの報告に接したい思い、また伝道の目的もあってトロアスまで赴いた。しかしながら、そこでの伝道は伸展したもののテトスには会えなかったので彼は海を渡りマケドニヤにまで出向いたのである（二・一二〜一三）。そしてパウロがマケドニヤの諸教会を巡り歩いている時、そこに帰ってきたテトスと会うことができた。そしてテトスの報告によれば、やっとコリント教会の問題が解決したというのである（七・五〜七）。パウロはこの朗報に接し、喜びにあふれて——問題分子に対しては警告しつつも——この「第二の手紙」を書いた、というのである。したがって以上の考えに基づけば、本書の書かれた場所はマケドニヤ（恐らくピリピかテサロニケ）で、書かれたのは五五年頃と考えられている。

本書は前述のようないきさつのあとに書かれたため、冒頭から神への感謝と賛美にあふれ、全体として和解の心情に満ちたものとなっている。特に五章一六節以下では、その喜びが「和解の福音」という言葉となって本質的な次元にまで高められている。ところが、実は、本書が喜びの心情で書かれたにもかかわらず、所々で急にパウロの厳しい言葉が出てくる。それは六章一四～七章一節の部分と一〇章一節～一三章一〇節の部分で、この部分は全体的な雰囲気とはいかにも不調和である。そこで前者は「前の手紙」の、後者は「涙の手紙」の一部分ではないか、とも考えられている。この説によるならば本書は、三つの手紙の合成によってできたということになる。

ともあれ、パウロとコリント教会との切実な対決の中から生まれた本書は、パウロの手紙の中でも赤裸々なパウロの内面が最もよく現れている書といわれる。六章は熱烈なパウロの信仰告白である。「見よ、今は恵みの時、見よ、今は救の日である……入獄にも、騒乱にも、労苦にも、徹夜にも、飢餓にも、……悪評を受けても、好評を博しても、神の僕《しもべ》として自分をあらわしている。……悲しんでいるようであるが、常に喜んでおり、……何も持たないようであるが、すべての物を持っている」（六・二～一〇）。一二章一～一二節はパウロ自身の入神体験を第三者のもののごとく書かれた注目される部分。

パウロには持病があったようで、それについて彼は三度も祈ったが、神からの答えは「わたしの恵みはあなたに対して十分である。わたしの力は弱いところに完全にあらわれる」（一二・九）であった。パウロの悟りの境地である。一三章一三節は、キリスト教（プロテスタント）の礼拝の最後に牧師が行う祝祷の言葉である。実際には「仰ぎ乞い願わくは、我らの主イエス・キリストの恵み、父なる神の愛、聖霊の親しき交わりが、我ら一同と共に、世々限りなくあらんことを。アーメン」と牧師が唱え、短いオルガンの後奏があって礼拝が終わりとなる。

9　ガラテヤ人への手紙

本書もパウロの教理書簡の一つで、パウロの信仰義認の思想がロマ書とともに本書でも強く主張されている。著者はパウロである。

ところで本書の宛先となっているガラテヤは、一般的には小アジアの北部地方を指すが、本書がそのままこの方面の教会に宛てられたものとする考え方を「北ガラテヤ説」と呼ぶ。しかし、この説にはいろいろな意味で難点がある。その一つは使徒行伝などを見てもパウロがこの地方で活躍した記録がないことである。また、その当時この地方の人たちは遊牧民であり、彼らにこの手紙のような高度な思想が理解できたのかという疑問が残る。そこで出てきたのは「南ガラテヤ説」である。この説によるとローマは、その当時今の北部だけではなく南部をも含めてその辺り一帯をガラテヤと呼んでいたという。そしてパウロは時々ローマ流で地名を呼ぶことがあることから、この手紙の宛先であるガラテヤは、小アジアの南部の地方――ピシデヤのアンテオケ、イコニオム、ルステラ、デルベなど――を指している、というのである。この「南ガラテヤ説」を採用するならばパウロは既に一回目の伝道旅行の際、この地方を回って成果を得ていたし、またこの地方の人たちは早くからギリシャ文化などの影響下にあったことなど、全てつじつまが合う。そういうわけでその後この「南ガラテヤ説」が多方面の支持を受けることになった。ここでもこの「南ガラテヤ説」に従って話を進めていく。

さて本書の書かれた年代については、四章一三節を見ると既にパウロの一度にわたるガラテヤ訪問が前提となっている。このことから本書は二回目の伝道旅行中、小アジアを通過したあとに書かれたと考えられ、コリントでテサロニケ人への手紙が書かれたのち、続いて本書も書かれたものと考えられている。書かれたのは五一年の末頃である。

ところで本書は次のようないきさつで書かれることになった。すなわちパウロは一回目の伝道旅行の際、バルナバと共にこの地方を回り多くの異邦人を回心させた。ところがこの時、異邦人に律法を奨励しなかったことから、彼ら（バルナバとパウロ）とエルサレム本部の保守的な人たちとの間に意見の対立が生じたのである。そこで前述したとおりバルナバとパウロがエルサレムに上り激論を交わした結果（エルサレム使徒会議）、最終的に異邦人には律法を強要する必要がないことになり、パウロは勇気を得て二回目の大々的な異邦人伝道に出発したのであった。ところでこの二回目の伝道旅行の際、パウロはガラテヤの諸教会に立ち寄ったが、パウロが去ったのち、今度はこれらの教会にエルサレムから保守的な巡回伝道師たちがやって来たのである。そして彼らは「エルサレム使徒会議」の決定を破って、律法の強要――例えば、割礼を受けることなど――を迫り、その上パウロの誹謗《ひぼう》までやり始めたのであった。彼らに言わせればパウロは使徒としての資格はなく、彼の説く福音は正統なものではないというのである。その結果ガラテヤの人たちは大きな影響を受け、早くもパウロから離れていく者まで出てきたのであった。それを旅先で聞いたパウロは、非常に驚き、また怒りに燃えて、ガラテヤの人たちに書いたのがこの手紙なのである。手紙の冒頭の挨拶文のあと、すぐさま激しい口調で始まるこの手紙は、その時のパウロの心情をよく伝えている（一・六）。彼は本書で、自己の使徒職の正統性を弁明するとともに、自ら体験したこととして〝信仰義認〟思想を力強く訴えている。

一章から四章まではケリグマ（宣教）で、そのうち二章までは自己の使徒職に関する弁明とともに福音の本質としての〝信仰義認〟思想が説かれている。冒頭一章一節の「人々からでもなく、人によってでもなく、イエス・キリストと……父なる神とによって立てられた使徒パウロ」という言葉から既に彼の使徒職の正統性の主張となっている。彼は使徒としての強い自覚のもと、正しいと思うことにはペテロ（ケパ）に対してもかみついていったのであった（二・一一）。三章から四章には、信仰義認思想とともに律法を〝養育掛《よういくがかり》〟と見るユニークなパウロの律法観が示されている。四章一二節以下は、誤った道に行かんとするガラテヤの人たちに対し、何とか正しい道を示さんとする導きの親としての必死の訴えであり叫びである。「ああ、わたしの幼な子たちよ。あなたがたの内にキリストの形ができるまでは、わたしは、またもや、あなたがたのために産みの苦しみをする」（四・一九）。五章から六章は、ディダケー（教訓）でキリスト者としての倫理と戒めが述べられている。「わたしは命じる、御霊《みたま》によって歩きなさい。……御霊の実は、愛、喜び、平和、寛容、慈愛、善意、忠実、柔和、自制であって、……」（五・一六～二三）と続いている。

10　エペソ人への手紙

パウロの書簡のうち、本書とピリピ書、コロサイ書、ピレモン書の四書は「獄中書簡」と呼ばれ、いずれも著者はパウロである。これらがそのように呼ばれるのは、明らかに獄中から書かれたと分かる文言が文中に入っているからで、例えば本書には「鎖につながれているのであるが、……」（六・二〇）と書かれている。ところで、これら獄中書簡がどこの獄中で書かれたかについては、今のところ「カイザリヤ説」、「エペソ説」、「ローマ説」の三つの説がある。その中でもっとも有力なのは「ローマ説」で、ここでもローマ説を採用したいと思う。とすれば本書の成立はＡＤ六〇年頃と見られる。

さて本書の宛先になっているエペソは、当時小アジア西岸にあったアジアの中心的都市であった。またそこにあったエペソ教会も、当時小アジアの中心的異邦人教会で、その後の教会史でも大きな位置を占めた教会であった。パウロの書簡も、最初この教会が収集し始めたといわれている。

しかしながら実は、本書の冒頭にある「エペソにいる……聖徒たちへ」（一・一）という部分は、古い写本にはなく、この部分は後世の加筆と考えられている。また一方本書には、他のパウロの手紙のように具体的な書かれるに至った事情が読み取れない。このようなことから本書はパウロの手紙ではあるが、もともと小アジアの諸教会宛に回状として書かれたもの、とするのが今日有力な見方となっている。

さて本書では、小アジアの異邦人教会に宛てられた手紙らしく、教会の一致ということが特に強調されている（二・一六、三・六）。というのは異邦人伝道を自己の使命としたパウロにとって、ユダヤ人キリスト者と異邦人キリスト者との一致ということが一つの気がかりな問題であった。彼はそのため異邦人教会からエルサレムの本部教会宛の義援金を集めるということまでしたのである（第一コリント一六・一〜三）。

一章から三章までは、ケリグマと呼ばれる信仰の本質的な問題を扱った部分。一章二二〜二三節は、キリストを頭、教会を体として捉えようとするパウロの優れたキリスト論であり教会論である。四章から六章までは、ディダケーと呼ばれる信仰生活の実践的な勧めである。特に四章は教会の一致が強調されている部分で、教会の一致運動（エキュメニカル・ムーブメント）によく用いられる。「主は一つ、信仰は一つ、バプテスマは一つ。すべてのものの父なる神は一つである」（四・五）。六章一〇節以下では霊の戦いが強調され、そのための霊的武装が力強く勧められている。「真理の帯を腰にしめ、正義の胸当《むねあて》を胸につけ、平和の福音の備えを足にはき、その上に、信仰のたてを手に取りなさい。……」（六・一四〜一六）。

本書は、全体としてパウロの晩年の書らしく円熟した思想と筆致で書かれている。

11　ピリピ人への手紙

本書もパウロの獄中書簡の一つである。本書が獄中から書かれたことは一章一四節「わたしの入獄によって……」から分かる。本書の成立については、パウロが文中自己の殉教についてしばしば語っていることから（二・一七）、ローマの獄中生活も末期、六一年頃と考えられている。

本書の宛先となっているピリピは、ギリシャの北方マケドニヤ地方第一の町であった（行伝一六・一二）。そしてここの教会は、パウロが第二回伝道旅行の際、マケドニヤに渡りヨーロッパ伝道を開始して最初にできた教会である。この教会は建てられた当初から他のどの教会よりもパウロを慕い、物心両面でパウロの伝道を支えた。そういう意味でピリピの教会は、パウロの最も信頼を寄せていた教会であり、その献身的な奉仕は常にパウロを勇気づけたに違いない。本書はそういうパウロとピリピ教会との深い情的交わりの中から生まれてきたものである。

ローマの獄中で苦労しているパウロのことを伝え聞いたピリピの教会の人たちは、その窮乏を補い、パウロを慰めようと使者エパフロデトを送った。ところがこのエパフロデトがパウロのもとにいる間に、瀕死《ひんし》の重病にかかってしまったのである。そしてやっと快方に向かったので、彼をピリピに送り帰すに当たり、感謝と喜びの心情を込めて書いたのがこの手紙である。

したがってこの手紙には、パウロの個人的なピリピ教会への親愛の情があふれており、「喜びの書簡」とも呼ばれる。「わたしがキリスト・イエスの熱愛をもって、どんなに深くあなたがた一同を思っていることか」（一・八）。

さて前述したごとく、本書は全体として喜びの心情と力に満ちあふれており、獄につながれ、しかも殉教を前にしている者の言葉とは思えない内容で、パウロの円熟した内面がよく表れている。「わたしの身に起《おこ》った事（入獄）が、むしろ福音の前進に役立つようになったことを、あなたがたに知ってもらいたい」（一・一二）は、獄中にあってもなお前向きなパウロの言葉である。一章一八節には「要するに、伝えられているのはキリストなのだから、わたしはそれを喜んでいるし、また喜ぶであろう」とあるが、不純な思いを持つ伝道者に対しても晩年のパウロらしい寛容の精神がよく表現されているところ。

また、「あなたがたの信仰の供え物をささげる祭壇に、わたしの血をそそぐことがあっても、わたしは喜ぼう。あなたがた一同と共に喜ぼう。同じように、あなたがたも喜びなさい。わたしと共に喜びなさい」（二・一七〜一八）は、殉教を覚悟しながらもパウロの勝ち誇った〝喜び〟の勧めである。「わたしは、……主キリスト・イエスを知る知識の絶大な価値のゆえに、……すべてを失ったが、それらのものを、ふん土のように思っている」（三・八）とは、救われた者としての信仰の極致に立っての言葉。「わたしたちの国籍は天にある」(三・二〇)は短いが確信に満ちたパウロの宣言である。四章の「あなたがたは、主にあっていつも喜びなさい。繰り返して言うが、喜びなさい」(四・四)は、「喜びの書簡」にふさわしく再度の喜びの勧め。そして、「主は近い。何事も思い煩ってはならない」(四・五〜六)は、〝獄の中にいる者〟が〝獄の外にいる者〟への慰めと励ましの言葉である。

12 コロサイ人への手紙

本書もパウロの獄中書簡の一つで、獄中で書かれたことは四章一〇節「わたしと一緒に捕《とら》われの身となっている……」から明らかである。本書の書かれた時期は、他の獄中書簡と同じく六〇年頃で、場所はローマである。

コロサイは小アジアの西部、エペソの東方にあった町であるが、ここの教会はパウロによって伝道されたのではなく、彼の同労者で有能なエパフラスという人物から伝道されたのであった(一・七)。

本書がパウロによって獄中で書かれたとき、実はそのエパフラスもパウロのそばにいたのである（四・一二）。エパフラスの伝えるところによれば、コロサイの教会にもいろいろな異端思想が侵入して、信者を迷わしているということであった――恐らくユダヤ教主義や初期のグノーシス主義（二・八、二・一六～一八）であったと思われる――。パウロはそのような教会の状態を彼から聞いて、異端的な考えに警告を発しながら（二・八～一九）、一方いろいろなキリスト論的観点から、キリストにあって強く立ちなさいと勧めている。

特にパウロの本書におけるキリスト論の特色は、他で見られるような彼の贖罪《しょくざい》論的なキリスト論やキリストは教会の頭で教会はキリストの体であるというような考え方をはるかに超えて展開されている点である。そこにはキリストは万物の造られる前に存在したというキリスト先在説や、キリストによって万物が創造されたというような考え方が述べられており、そこでのキリスト論は存在論や本質論にまで高度に昇華されている。「御子《みこ》は、見えない神のかたちであって、すべての造られたものに先だって生まれたかたである。万物は、天にあるものも地にあるものも……みな御子にあって造られたからである」（一・一五～一六）。

二章までは信仰の本質面を扱ったケリグマである。三章からは倫理面を扱ったディダケーで「愛は、すべてを完全に結ぶ帯である」（三・一四）と教えている。

13　テサロニケ人への第一の手紙

パウロからテサロニケの教会に宛てられた手紙である。本書はテサロニケ人への第二の手紙とともに主に再臨問題を扱っているところから、パウロ書簡中「再臨書簡」として分類される。両書共に著者はパウロである。

テサロニケはギリシャの北部にあった町で、今日でもサロニカという名称で繁栄している。パウロは第二回伝道旅行の際、シラスとテモテを同伴して訪れ、初めてこの地に福音を宣べ伝えた（行伝一七・一）。その結果、多くの信心深いギリシャ人が福音を受け入れたが、その中には貴婦人たちも少なくなかった。ところがこれを妬んだテサロニケにいるユダヤ人たち（ディアスポラ）は、町のならず者を動員して騒ぎを起こし、ついにパウロの一行をテサロニケから追い出してしまったのである。パウロの一行はひとまず近くの町ベレヤに逃れたが、しつこいユダヤ人たちは、そこにまで彼らを追いかけてきたのであった。そこでパウロは、シラスとテモテをベレヤに残し、自分一人でアテネに向かった（行伝一七・一四〜一九）。

アテネでは、パウロは頂上にパルテノン神殿がそびえ立つアレオパゴスの丘で福音を説いたが（行伝一七・一九）、そこの人たちはパウロを笑い者にしてまじめに聞こうとはしなかった。失意の中、彼は従順に従ってくれたテサロニケの人たちを懐かしく思いながら、また一方では心配にもなってきた。ちょうどそこにベレヤに残してきたテモテがやって来たのである。そこでパウロはテサロニケの信者たちを激励し、またその様子を見させるためテモテをテサロニケに送ることにした。

その後パウロはアテネからコリントに移り、天幕造りをして自給伝道をしながらテモテの帰るのを待っていたのであった（行伝一八・三）。そこにテモテは予想以上の吉報を持って帰って来たのである。彼の報告によるとテサロニケの教会の人たちはしっかりとした信仰に立っており、ひたすらパウロたちを慕っているということであった（三・六）。パウロはこの報に接し懐かしさと喜びにあふれて、テサロニケの教会に手紙を書いた。その手紙が本書である。

したがって本書は、全体として喜びと温かい思いやりにあふれている。パウロは本書で「ただ神の福音ばかりではなく、自分のいのちまでもあなたがたに与えたいと願ったほどに、あなたがたを愛したのである」（二・八）とテサロニケ教会の人たちに精いっぱいの愛の言葉を贈っている。本書はパウロの書簡中最も初期もので初代教会の切迫した終末観がよく表れていて、彼の晩年の書であるロマ書には終末論だけが欠落しているのとは対照的である。本書の成立は五〇年頃で、本書は新約聖書の諸文書中、最も古いものである。

一章から三章まではパウロの喜びと感謝の表明である。そして四章から五章にかけては、信仰生活の勧めとともに、テモテがテサロニケの教会から持ち帰ったと思われる終末に関する疑問や誤解への回答となっている。本書には前述のごとく、イエスが十字架にかかってからまだ二十年ぐらいしかたたない頃書かれた手紙らしく、初期キリスト教の切迫した終末観がよく現れている。「生きながらえて主の来臨の時まで残るわたしたちが、……」（四・一五）という聖句からも、彼らは生きている間に終末、再臨があると信じていたことが分かる。それゆえまたそこから来るいろいろな問題も発生したのであった。例えば終末が近いということで心が浮つき、まじめに働こうとしない人たちが出てきた。また一方では再臨する栄光の主に会えず他界してしまった信徒を悲しんだり、自分がそうなったらどうしようと不安になる者まで出てきたのである。それに対しパウロは終末における信徒の復活などの話をあげ、彼らの心配や疑問に答えるとともに、しっかり働き、心を落ち着けて生活をするよう教えている。四章一七節は、キリストが天から再臨するとき、信徒は空中に挙げられ主と会うという、いわゆる〝空中携挙《けいきょ》〟の思想である。

そして最後に、「いつも喜んでいなさい。絶えず祈りなさい。すべての事について、感謝しなさい」（五・一六〜一八）という有名な勧めの言葉が述べられている。

14　テサロニケ人への第二の手紙

本書もパウロからテサロニケの教会に宛てて送られた手紙で、「第一の手紙」の数カ月後に書かれたと思われている。その目的は第一の手紙の大切な点を再び強調することと、足らない部分を補足することであった。本書の成立の年代は五一年の初め頃と推定され、場所は第一の手紙と同じくコリントと考えられる。

全体的な内容は第一の手紙と類似することが多いが、第二章の再臨に関する記事では、第一の手紙が〝信徒の復活〟の問題を扱っているのに対し、本書では終末に現れるべき〝反キリスト〟の問題がかなり詳細に述べられている。ここに展開される反キリストの説明は、統一運動の観点から見ても興味深い。終末において神に反する勢力が総結集して顕現することは――いわゆる統一運動でいう「サタンの発悪」――、マタイ福音書の「荒らす憎むべき者」（二四・一五）や黙示録における「赤い龍」（一二・三）というような形でほかにも示されているが、ここでは特にその性質が明確に示されている。それは「すべて神と呼ばれたり拝まれたりするものに反抗して立ち上がり……自分は神だと宣言する」（二・四）存在である。すなわち、それは無神論・

唯物論を標榜《ひょうぼう》して立ち上がり、神に取って代わろうとするものと言えよう。このような反キリストの性格は、神の存在を否定し神に代わってユートピアの実現を標榜する今日の共産主義思想に酷似していることに驚く。ここではこの反キリストを再臨のキリストは、その来臨の輝きと口の息によって滅ぼし尽くすことが述べられている（二・八）。

15　パウロの牧会書簡（テモテへの第一の手紙・テモテへの第二の手紙・テトスへの手紙）

「テモテへの第一・二の手紙」、「テトスへの手紙」、この三つの手紙はパウロ書簡中いずれも牧会的な内容のため、まとめて「牧会書簡」と呼ばれている。これらの手紙の宛名になっているテモテやテトスは、パウロの最も信頼した弟子である。

テモテの父はギリシャ人で母は熱心なユダヤ人のクリスチャンであった。彼はパウロの伝道旅行にしばしば同伴し、またテサロニケの教会などにパウロの代理として派遣されている。のちに彼はエペソの監督になったという伝承がある。一方、テトスは純粋なギリシャ人で彼もパウロの良き協力者の一人であった。彼はエルサレム使徒会議にパウロと共に参加し、異邦人（無割礼の者）の救いの証人となった（ガラテヤ二・三）。また彼はコリントの教会が問題を起こした時、パウロに代わって問題の解決に当たるなど大きな働きをした。彼はのちにクレテに遣わされ、そこの監督になったと伝えられている。

ところでこれら三つの手紙は、全てパウロの手紙という形を取っているが、一部の保守的な人たちを除いて、今日ではパウロのものとは信じられなくなっている。というのは次のような理由からである。

第一に、パウロのものと考えられる他の手紙と比べて用語や文体、思想などにかなりの隔たりがあることである。邦訳で読んでもそれは感じられるが、原文ではもっと明白であるといわれる。例えばテモテへの手紙の中だけでも、パウロの手紙にはない用語が三百以上指摘されており、また文体は全体としては一本調子で、パウロの他の手紙に見られるような多様性や、また生き生きした力強さがない。

第二に、この三書の内容をパウロの生涯や時代に合わせて解することが極めて困難なことである。例えば第一テモテの設定しているテモテをエペソに残してパウロがマケドニヤに出発するという場面は、使徒行伝に合致する箇所がない。また三章で示されているような監督、執事といった組織の整備された状態、また四章で指摘されているような禁欲主義的異端の発生などは、パウロの生きていた時代より少しあとの時代の状況を示している。

以上のような理由で、これら三書はパウロのものではなく、恐らく二世紀初期の頃、パウロの伝統を引き継ぐ指導者が、自分の名前を伏せ教会の指導のために書いたものであろう、と考えられるようになった。実際このように自己の著した書物に有名な人の名前を冠することは、当時一つの習慣として存在していたと言われる。しかしながら、これらの書を単にパウロと無関係と言い切るのも適切ではない。なぜならこれらはパウロの信仰に基づいて書かれており、一部にはパウロの残した断片やパウロに関する伝承が集録されている可能性も否定できないからである。

さてこの三書は大体同時代に書かれたと考えられるが、三書のうち最も後代の様子を表しているのが「第一テモテ」で、反対に最も初代の雰囲気が残っているのは「第二テモテ」であるとされる。したがって執筆の順序は、まず「第二テモテ」、次に「テトス」、そして、「第一テモテ」となる。これらの書物に共通する特徴の一つは、牧会的指導とともに異端に対して忠告を与えている点で（第一テモテ四・三、第二テモテ二・一六、テトス一・一四）、ここに出てくる異端は二世紀の中期頃盛んになったグノーシス主義のはしりと見ることができる。

テモテ第一の手紙の特色は、公的な性格が強いことである。まず教会の役員はどういう人物でなければならないかを懇切丁寧に説明し（三章）、その後異端に対して警告を与えている（四章）。そして後半では若い指導者のために適切で詳細にわたる指導がなされている（五章、六章）。四章の「あなたは、年が若いために人に軽んじられてはならない。むしろ……信者の模範になりなさい」（四・一二）という聖句は、教会の青年向け〝修養会（修練会）〟などでよく用いられる聖句である。

テモテへの第二の手紙は、第一の手紙とは反対に極めて個人的色彩が強いことが特色である。ここでも若い指導者のために有効な訓戒が繰り返されている。「あなたは若い時の情欲を避けなさい」（二・二二）。「御言を宣べ伝えなさい。時が良くても悪くても……」（四・二）。そして、最後に老練な信仰の勝利者として生涯の終わりに臨んでの著者の境地が述べられている。「わたしは戦いをりっぱに戦いぬき、走るべき行程を走りつくし、信仰を守りとおした。今や、義の冠がわたしを待っているばかりである」（四・七〜八）。

テトスへの手紙は、テモテ第一の手紙と同じく公的な性格が強い。まず教会の役員としてのあるべき姿勢が述べられ、次に異端に対しての警告がなされ（一章）、そして最後に若い指導者に対して必要なことが教えられている（三章、四章）。

16　ピレモンへの手紙

本書は前述の三書とは異なり、パウロ自身により書かれた手紙である。六〇年頃の手紙で、他の獄中書簡とともにローマで書かれたと考えられている。短いが獄中書簡の一つとして数えられる。

文面から見て宛名となっているピレモンは、コロサイの人でパウロの良き後援者ないし弟子と思われる。パウロはローマの獄中にいる時、主人のもとから逃げて来たオネシモという一人の奴隷を信仰に導いた。このオネシモの主人が、実はピレモンであった。パウロはオネシモを主人のもとに返すに当たり、執り成しの手紙をピレモンに書いたが、それがこの手紙である。

パウロは偉大なる使徒の立場にあり、一人の弟子（ピレモン）に対して何でも命令することのできる権威をもっていた。しかし彼はあえてその権威を振り回そうとはせず「むしろ、愛のゆえにお願いする」（九）といって自分の弟子の前に頭を下げる。そしてオネシモについては「何か負債があれば、それをわたしの借りにしておいてほしい」（一八）と彼をかばおうとする。そこには、パウロの小さき者に示された愛情と、自分の弟子にさえ頭を下げようとする彼の謙遜さがにじみ出ている。本書は短いが、晩年のパウロの円熟した人格がよく表れており、味わい深い内容となっている。

17　ヘブル人への手紙

本書は、詩文書（書簡）中どの分類にも属さず独立したものとなっている。というのは本書の著者は不明で、しかも成立した背景が明確でないこと、また内容から見ても冒頭に挨拶がなく、手紙なのか信仰の指導書なのかも判別し難いからである。本書はパウロの著作と考えられたこともあったが、今はほとんど信じられず、著者については「偉大な未知の人」とするのが通説となっている。教父エウセビオスもこの書については、オリゲネスの言葉を引用し「実際、誰が書いたかは神のみ知りたもう」としている。本書の書かれた年代については、九五〜九六年に書かれたクレメンスの手紙の中に引用されていることから、それ以前に書かれたことは確かである。本書の内容から迫害下で書かれたことが察せられるので、成立は八〇年前後と見られている。

本書はイエス（メシヤ）の祭司性について、特に旧約に出てくる祭司メルキゼデク（創一四・一八）を引用し説明しようとする。そこではイエスの祭司性は、単なる祭司ではなく特別な意味をもつ「メルキゼデクに等しい大祭司」（五・一〇）としての特質をもつものとして、極めてユニークな理論が展開されている。またそれとともに本書の信仰的な勧めも洗練された格調高い内容となっている。

一章三節の「御子は……神の本質の真の姿であって」という主張は、キリストを神性の実体化と見る統一運動の理解とも完全に一致する。五章から本書の中心的テーマともいうべきイエスの祭司性についての論述が始まる。七章では、祭司メルキゼデクについて、「レビでさえも、アブラハムを通じて十分の一を納めた」（七・九）特別の祭司であるという本書独特の考え方が提示される。これは、アブラハムが祭司メルキゼデクに持ち物の十分の一を捧げたという創世記（一四・一八～二〇）の物語から来たもので、少し回りくどくなるが、重要な考え方なので以下に順序立てて説明したい。

すなわち、本来イスラエルでは神に捧げられた供え物は、祭司として神に仕えるレビ人がもらえることになっていた。しかしこの供え物をもらえるレビ人の先祖のレビでさえ――その時はまだレビはこの世にはおらず、それから数代後にアブラハムの子孫として生まれてくるのであるが、その時いわばアブラハムの腰の中にいてアブラハムと共に――メルキゼデクに供え物をしたのだというのである。要するにメルキゼデクは、本来供え物を受け取る立場の祭司からも供え物をされるくらい尊い祭司であり、イエスもそういうメルキゼデクのような特別な祭司として来られた方である、というのが本書の主張なのである。

ところでこの〝レビも、アブラハムを通じて十分の一の供え物を納めた〟というユニークで高度な神学的概念は、〝全ての人はアダムにあって罪を犯した〟というキリスト教の原罪理解にも大きな助けとなっている考え方で、注目される考え方である。一一章の「さて、信仰とは、望んでいる事がらを確信し、まだ見ていない事実を確認することである」（一一・一）は、正に信仰の本質を言い当てたともいうべき聖句。一二章では血をもってしても罪と対決せんとする力強い信仰が強調され（一二・四）、また「主の訓練を軽んじてはいけない」（一二・五）として、あらゆる苦難も神の訓練として尊ぶべきことが勧められている。

18　ヤコブの手紙

「ヤコブの手紙」、「ペテロの第一・二の手紙」、「ヨハネの第一・二・三の手紙」、「ユダの手紙」は、まとめて「公同書簡」と呼ばれる。これらの手紙は、パウロ書簡のようにある特定の人たちに宛てて書かれた手紙ではなく、もともと公的なものとして諸教会で回し読みするために書かれたところからこのように呼ばれる。

さて本書はヤコブの名が付けられているため、古くからイエスの兄弟ヤコブ（マルコ六・三）のものと考えられてきた。しかしその決定的な証拠はなく、今では一部の保守的な人たちを除いてこの考え方は支持されない。本書も当時よく行われたように、ヤコブという著名な人の名を冠して書かれた書物と考えられている。著者が明確でないところから成立の年代も明確ではないが、大体AD一〇〇年前後と考えられている。

本書の内容は倫理的な教訓が中心であるが、特に行いの伴わない信仰を非難しているのが特徴である。「『ある人には信仰があり、またほかの人には行いがある』と言う者があろう。それなら、行いのないあなたの信仰なるものを見せてほしい。そうしたら、わたしの行いによって信仰を見せてあげよう」（二・一八）と挑戦的である。この点、信仰義認を主張したパウロと一見著しい対照を見せており、パウロの信仰観を受け継いだルターから、本書は価値の少ないものとして「わらの書」と呼ばれた経緯がある。しかし、パウロ書簡のように信仰を強調する書簡に対し、行いを強調する本書が聖書に編入されたのもまた神意であった。

19　ペテロの第一の手紙

本書も、ペテロの名を冠しているがペテロの著作とするのは難しいとされる。その理由として、用語、文体、思想などが福音書や使徒行伝で知られているペテロと符合せず、教理的にはむしろパウロに近いこと、また本文から察せられる迫害の状況は、ペテロの時代よりのちの時代を示していること、などが挙げられる。したがって本書も、迫害下にある信徒を激励するため、権威あるペテロの名において書かれたものと考えられ、成立は九〇年頃と見られている。

本書は、始めから終わりまで迫害下にある信徒への激励の言葉で貫かれており、また信徒の信仰をいかに支え強めるかという教会指導者の思いで満たされている。「あなたがたを試みるために降りかかって来る火のような試練を、何か思いがけないことが起《おこ》ったかのように驚きあやしむことなく、むしろ、キリストの苦しみにあずかればあずかるほど、喜ぶがよい」（四・一二〜一三）。

そのような中で、少し興味深いのは三章一九以下の「彼は獄に捕《とら》われている霊どものところに下って行き、宣《の》べ伝えることをされた……」というキリストの霊界伝道と思われる記事である――これと類似する内容が聖書とは別に、キリスト教が古来所有してきた「使徒信条」（一九五四年版賛美歌五六六番参照）の中にも〝キリストの陰府《よみ》（黄泉）降下《こうか》〟という概念で存在する。そこには次のように書かれている。「主は……十字架につけられ、死にて葬られ、陰府《よみ》にくだり、……」(使徒信条)――。さて、この部分は神学的に難解とされる部分で、様々な考えが提示されているがどの注解書を読んでも苦しい表現となっている。その背後には今日までキリスト教、特にプロテスタントは積極的に死後の世界(霊界)について取り上げようとはせず、また死後の救済ということも認めようとしてこなかった経緯があるからである――キリスト教では肉の死やそれに伴う死後の世界は、人間の堕落によって生じたもので、万物更新(終末)の時までの一時的な事象と見る傾向が強い――。統一運動の観点から見れば十分理解できるここでの霊界伝道(死後の救済)という問題も、今日のキリスト教神学では、単なる比喩的表現と理解するか、キリストは審判の意味をも込め、み業の成ったことを死後の人たちに宣言しに行ったのであろう、といった苦しい解釈に終わっている。

20 ペテロの第二の手紙

本書は「第二の手紙」という名称が付いており「第一の手紙」に続くもののように見えるが、「第一の手紙」とはいろいろな点で大きく異なっている。第一に、「第一の手紙」の原文には流《りゅう》暢《ちょう》な優れたギリシャ語が使われているが、本書にはかなりレベルの低いギリシャ語が使われている。第二に、「第一の手紙」はもっぱら迫害下の信徒激励に向けられているが、本書は異端対策にのみ集中している。すなわち両者の成立の背景がかなり異なっている。第三に、「第一の手紙」にはパウロの影響が多分に見られるが、本書には全く見られない。以上のような理由から、この二つの書簡が同一の人物によって書かれたと見るのは一般的に難しいとされる。「第一の手紙」をペテロのものと主張する保守派の人々でさえ、本書をペテロのものとする人は少ない。

本書成立の時期については、本文にあるような異端が教会内で問題になったのはAD一〇〇年から一五〇年頃であることから、一三〇年前後と考えられる。このことは本書の三章に見られるパウロの手紙を回し読みすることが習慣化していることからもいえる。新約聖書中このような後期に成立した書物はほかになく、本書は新約聖書中、最後に成立したものと見られている。とすれば使徒ペテロがこんな時代にまで生きていたとは考えられず、そのことがまたペテロ著作説を困難にしている。以上のことから、当時教会に多くの混乱を引き起こしていた異端の排撃のため、本書もまた権威あるペテロの名によって書かれたものと考えられる。

さて本書の攻撃の対象となっている「にせ教師」（二・一）による異端思想とは、当時正統派キリスト教に脅威となっていたキリスト教的グノーシス主義である。このグノーシス主義は、霊を善、肉（物質）を悪と見る二元論で、そこから極端に相反する二つの流れが出てきた。一つは肉を悪と見て極端な禁欲主義に走る流れであり、もう一つは霊を重要視するあまり、一定の霊的見識に達した者は肉的には意のままに行動してもよいとする流れである。ここで本書が問題としているのは後者のほうであることは、次のような聖句から明らかである。「大ぜいの人が彼らの放縦を見習い、……」（二・二）、「彼らは、真昼でさえ酒食を楽しみ、……その目は淫行を追い、……自由を与えると約束しながら、彼ら自身は滅亡の奴隷になっている」（二・一三〜一九）。このような異端思想に対し本書の記者は、聖書の中から欲望におぼれて滅びの道を行った様々な例を挙げ、にせ教師たちの誘惑に騙《だま》されず清く正しく信仰の道を歩むよう勧めている（三・一二）。

ところで、本書はよくユダ書と類似していることが指摘される。というのはどちらも異端対策がテーマであり、またどちらにも堕落した天使の話など、共通する内容が多いからである。両者を総合的に見てみると、ユダ書が本書の成立に寄与したと考えられ、ユダ書の成立は本書より少し早いとされる。

三章の「一日は千年のようであり、千年は一日のようである」（三・八）は有名。三章の「ただ、ひとりも滅びることがなく、すべての者が悔改めに至ることを望み……」（三・九）という聖句は、その内容がカルヴァン的予定論と際立って対照的なため、よく同予定論と対比され論じられる部分である――カルヴァン主義では、全ての人が救われることを認めようとはしない。予定された者のみ救われると主張する――。

21　ヨハネの手紙（ヨハネの第一・二・三の手紙）

「ヨハネの第一・二・三の手紙」の三つの手紙は、いずれもその内容、文体、思想がヨハネ福音書と酷似しており、これらは全て同一著者と考えられている。すなわち、その中に「愛」「光」「いのち」といった言葉が特別な意味をもって強調されており、いわゆるヨハネ文書特有の響きをもっている。したがってこの三つの手紙は、ヨハネによる福音書と同じく長老ヨハネによるものと考えられる。特に、第二と第三の手紙では「長老のわたしから」という文章で始まっておりそれを裏付けている。第二と第三の手紙は、特定の人に出されたことになっているが、その性格上、公同書簡として分類される。

成立の年代は、ヨハネ福音書に続いてこれらの手紙も書かれたと考えられ、やはりAD

一〇〇年前後と見られる。これらの手紙が書かれた目的は、その当時台頭しつつあったグノーシス主義的異端を排除する目的と、もう一つはヨハネの〝愛〟に代表される信仰のメッセージを伝えるためである。

グノーシス主義とは、前述してきたとおりキリスト教とギリシャ思想やペルシャ思想が混合されて出てきたもので（シンクレティズム――習合主義）、霊を善とし肉を悪とする霊肉二元論である。この考えによればキリストは悪なる肉体をもって地上に来るはずがなく、キリストは肉体をもっているように見えただけであるとされ（仮現説《かげんせつ》）、キリストの受肉と十字架の贖罪《しょくざい》を否定する――このような考え方が当時大流行しキリスト教会を混乱せしめた。このグノーシス主義的異端から教会を守り、正しい考えを教えるためこれらの手紙が書かれたのである。ヨハネはこのグノーシス主義的異端を反キリストと呼び、以下のように排撃している。「イエス・キリストが肉体をとってこられたことを告白する霊は、すべて神から出ているものであり、イエスを告白しない霊は、……反キリストの霊である」（第一ヨハネ四・二～三）、「イエス・キリストが肉体をとってこられたことを告白しないで人を惑わす者が、……反キリストである」（第二ヨハネ七）。

さて、話をヨハネの本来のメッセージに戻したい。ともあれヨハネほど〝愛〟を強調した聖書記者はいなかった。彼はこれら三つの短い手紙の中で〝愛〟という言葉を六十四回（第一が五十二、第二が六、第三が五）も使っており、その中にはキリスト教のメーンテーマである〝神は愛である〟という言葉もそのまま二度も出てくる。「わたしたちが神の子と呼ばれるためには、どんなに大きな愛を父から賜わったことか」（第一ヨハネ三・一）、「神は愛である」（第一ヨハネ四・八）、「神は愛である」（第一ヨハネ四・一六）、「わたしたちが神を愛したのではなく、神がわたしたちを愛して下さって……ここに愛がある」（第一ヨハネ四・一〇）といった具合である。

しかも彼の愛のメッセージは、神の愛から隣人への愛にまでしっかり及んでいる。「子たちよ。わたしたちは言葉や口先だけで愛するのではなく、行いと真実とをもって愛し合おうではないか」（第一ヨハネ三・一八）、「『神を愛している』と言いながら兄弟を憎む者は、偽り者である。現に見ている兄弟を愛さない者は、目に見えない神を愛することはできない」（第一ヨハネ四・二〇）。

そして再び彼は「ここにお願いしたいことがある」と改まって、「それは、新しい戒めを書くわけではなく、初めから持っていた戒めなのであるが、わたしたちは、みんな互に愛し合おうではないか」（第二ヨハネ五）と、我々に迫るのである。その他、彼の「世に勝つ者はだれか。イエスを神の子と信じる者ではないか」（第一ヨハネ五・五）というような励ましの言葉は、苦悩の中にある多くの信徒たちを励ましてきた。

これら三つの愛の手紙の中でも最も重量感のあるのは第一の手紙で、第二の手紙はその縮小版とでもいうべきものである。第三の手紙は個人宛の形式をとり巡回師への愛の実践と分派活動の排除について述べられている。

ところで、もう一度ヨハネ第一の手紙の冒頭の言葉に戻ってみよう。「初めからあったもの、わたしたちが聞いたもの、目で見たもの、よく見て手でさわったもの、すなわち、いのちの言《ことば》について――」（第一ヨハネ一・一）。彼のアグレッシブな信仰の波動が伝わってくる文章である。

22　ユダの手紙

本書の著者ユダについては、本書にあるヤコブの弟ユダという以外何も分かっていない。またこのヤコブという人物についても何も分かっていない。保守的な人たちの中にはイエスの弟であるヤコブの弟ユダ（マルコ六・三）と考える人もいるが、本書も他の公同書簡と同じく偽名を冠した書物と考えられている。

本書が書かれた目的も、当時正統派にとって問題となっていたグノーシス主義的異端を排除するためで、書かれた年代はＡＤ一〇〇年頃と考えられている。本書は成立時、異端排撃の武器として大いに用いられたらしく、本書より少しあとで書かれたと思われる「ペテロ第二の手紙」には、その重要部分がそのまま取り入れられている。異端が衰えその使命が終わってからは、本書はそれほど重要視されなくなったが、その後正式にキリスト教の正典として聖書に編入されてからは、代々異端闘争のためその使命を果たしてきた。

本書は異端的（分派的）流れを持ち込む者に対し次のように指摘する。「権威ある者たちを軽んじ、栄光ある者たちをそしって……、不平をならべ、不満を鳴らす、……」（八～一六）。正しいと思う意見は具申されるべきであるが、その心の姿勢が問われているとも言えるであろう。

本文中、統一運動の主張との対比で注目されるのは天使の堕落に言及している部分である。六節以下の「主は、自分たちの地位を守ろうとはせず、そのおるべき所を捨て去った御使たちを……」というのがそれで、これは旧約偽典の「エノク書」からの引用である。このエノク書を見れば、天使たちが人間の女たちと集団で淫行を行った記事が記録されており、その時の天使たち二十人の名前まで記されている（『聖書外典偽典4』教文館、一七五～一七六頁）。本書のここでの言及は、統一運動が主張する〝ルーシェル天使長と人間始祖エバとの堕落行為〟という内容を直接示すものではないが、その可能性を十分示唆するものといえよう。ちなみに九節には「御使のかしらミカエルは、モーセの死体について悪魔と論じ争った時、……」という記事があるが、これも旧約偽典「モーセの昇天」よりの引用である。そこにはモーセが死んだ時ミカエルがその死体を葬るために降りてきたが、サタンはモーセがエジプト人を殺した人物であるとしてこれに異論を唱えた、という物語が記されている。といっても現存している「モーセの昇天」にはその部分が欠落しているのであるが、オリゲネスの証言などからそれが分かっている。

以上で新約の詩文書としての「手紙」が終わり、新約の最後の書であり、また唯一の預言書であるヨハネの黙示録に入る。

23 ヨハネの黙示録

本書の著者ヨハネは、迫害下にあってパトモス島（エーゲ海の、小アジア南西にある小島）に流されたが（一・九）、そこで神からの黙示に接した。黙示というのは啓示とほぼ同じ意味の〝隠されていた真理の開示〟という意味をもっているが、特にそれは幻や異象によって示されるので啓示と区別され黙示という言葉が使われる。

一般にこういう黙示的表現で書かれた書物は黙示文学と呼ばれ、特に迫害下にあって苦しむ信徒を激励することを目的として発展してきた。旧約聖書ではエゼキエル書などがその走りで、ダニエル書などはその典型的なものである。このヨハネの黙示録もエゼキエル書やダニエル書からの多くの影響が見られる。エゼキエル書はバビロニヤ、ダニエル書はギリシャ、そして本書はローマの迫害下において書かれた。

本書が書かれた時期は、迫害の状況からみてドミチアヌス帝の時代と考えられ九五年頃と考えられる。ドミチアヌスは皇帝礼拝を強要し、ネロの時代にはローマ市内に限られていた迫害を帝国中に拡大した。それ以後教会は長い苦難の時代に入っていったが、本書はそういう迫害下にあって信徒の信仰を維持し激励するために書かれたものである。書かれた場所はパトモス島かその周辺と考えられている。

本書の著者ヨハネが誰であるかという点については、いろいろと説が分かれている。最も保守的な人たちは使徒ヨハネだとする。しかしこの説は他のヨハネ文書を使徒ヨハネとするのに無理があるのと同じ理由で難がある。一方、本書の著者を他のヨハネ文書の著者、長老ヨハネとする説がある。しかし本書を見るとあの〝愛〟のヨハネの響きが全く伝わってこない。そこで本書の著者は長老ヨハネでもなく別のヨハネ――パトモスのヨハネと考えられるようになった。

本書の全体的な構造は、前半（一章〜三章）が小アジアにある七つの教会宛の文章で、後半（四章以下）が七つの封印を中心とした終末における種々の事象を扱った内容となっている。そして第七番目の封印が解かれると、そこから七人の御使《みつか》いが出てきて、それぞれの御使いが吹くラッパとともにまた終末における七つの事象が展開する。そして七つ目のラッパが吹かれると（一一・一五）、そこからいよいよ終末の最終段階としての事象が展開する。そこではキリストの再臨があり、神側とサタン側との最後の決戦が展開する中、「小羊の婚姻」がなされ、続いて実現される「千年王国」の後、最終的に悪の主権が倒され「新天新地」＝「神の国」が出現する。

前半の七つの教会はすべて実際小アジアにあった教会で、本書の著者が流されたパトモス島もこれらの教会の近くにあった島である。恐らくこれらの教会は著者ヨハネの牧会の対象であった教会であろうと思われる。七つの教会のうちエペソの教会以外はあまり有名な教会ではない。

前半の部分でラオデキヤの教会には「あなたは冷たくもなく、熱くもない……なまぬるいので、あなたを口から吐き出そう」（三・一五〜一六）と言われているが、常に神の前に姿勢を正される言葉である。三章の「見よ、わたしは戸の外に立って、たたいている。だれでもわたしの声を聞いて戸をあけるなら……」（三・二〇）という聖句は、イエスが取っ手のないドアの前に立って戸をたたいている聖画とともに有名である。ドアを開けるか開けないかは、中にいる人の意志にかかっているのである。

後半に入っての四章の「四つの生き物」、七章の「四人の御使」、「地の四すみ」などは統一運動でいう「四位基台《よんい》」を、また四章の「二十四人の長老」は統一運動における祝福式での主礼の道をつくる二十四人の介添人を連想させる。七章と一四章には天に捧げられる初穂としての一四万四千人の聖徒についての言及がある。一〇章の「あなたは、もう一度、多くの民族、国民、国語、王たちについて、預言せねばならない」（一〇・一一）という聖句は、終末時代における新たなみ言《ことば》宣布活動を示唆している。

一二章の冒頭に出てくる「女」は教会を指すものと考えられており、そこに出てくる太陽、月、十二の星はそれぞれイエス、聖霊、十二弟子を示しているように見える。そしてこの女は再臨のキリストと思われる男の子を産む（一二・五）。聖書の他のところでは再臨のキリストは雲に乗ってくることになっているが、ここでは〝生まれてくる〟となっており興味深い。以下一二章では「鉄のつえ」（一二・五）――悪を砕く絶対的な真理（み言）と解される――でもって諸国民を治めんとする再臨のキリストと、これを阻止しようとする赤い龍との壮絶な戦いが展開される。ここでの赤い龍は第二テサロニケ書に出てくる終末に現れる反キリスト――「彼は、すべて神と呼ばれたり拝まれたりするものに反抗して立ち上がり」（第二テサロニケ二・四）――と軸を同じくするもので、終末に現れる〝神を否定する一大勢力〟と見ることができるであろう。とすればこの場面を今日、統一運動の一端を担う〝勝共運動〟との対比で見ることもできるであろう。

一三章一八節に出てくる〝六百六十六〟という獣のもつ数は有名である。この数の意味については いろいろな考えが示されているが、六数は六日目に創られ、また神を示す七には一つ足らない数で象徴される人間を意味しているといえる。それが三つ並べられることにより、神中心に対抗する〝徹底的な人間中心〟を意味し、前述されている「赤い龍」とも関連して神に敵対する勢力と見ることができる。

一六章一二節には、終末における神側とサタン側の一大決戦場として有名な地名「ハルマゲドン」が出てくる。ハルマゲドンとはヘブライ語で〈メギドの丘〉という意味をもっている。メギドはパレスチナの北西部に古くからある町で、もともと原住民であるカナン人の町であったが、イスラエル民族のカナン侵入の時ヨシュアによって滅ぼされた。その後イスラエル民族のマナセ族がここに住んだが、このメギドは交通の要衝で軍事的に大きな位置を占め、古戦場として有名な場所である。ヨハネは終末における神側とサタン側の終局的な決戦の場として、象徴的にこの地名を用いている。

一九章には晴れやかな「小羊の婚姻」の場面が展開する。ここでは直接的には小羊は再臨のキリストを、花嫁はキリストの再臨を待っている教会を意味しているが、統一運動が提示するようにその延長上に再臨のキリスト自身の婚姻をも示唆しているといえる。

二〇章ではキリストが再臨して千年の間地上を統治する王国、いわゆる「千年王国」の樹立が宣言される。この千年王国説には千年期後再臨説と千年期前再臨説がある。前者は、教会の成立を「千年王国」実現と見て再臨はその後にあるとする見方であるが、キリストの再臨が先でその後「千年王国」が来るとする後者のほうが一般的である（その他、千年王国を霊的な比喩と捉える無千年王国説も一方では存在する）。その後、神側とサタン側との最後の決戦がなされ、最終的にサタンの勢力はこの世から一掃される（二〇・一〇）。


そして二一章に入ってついに「万物更新」（行伝三・二一）がなされ、新天新地＝神の国が出現する。そこには古い世界（サタン世界）に属するものは何一つ残っていない（二一・一）。続いてそこに築かれるべき神の国の都が天から下ってくる〝聖なる都〟、〝新しいエルサレム〟として描写される（二一・二）。そこでは「神の幕屋が人と共にあり、神が人と共に住」（二一・三）まわれる。そこには「もはや、死もなく、悲しみも、叫びも、痛みもない。先のものが、既に過ぎ去ったからである」（二一・四）。

その都は様々な高価な宝石でできていて、その城壁には〝真珠〟で造られた十二の門がある。

これらの門は終日閉ざされることがない。なぜなら「神の栄光が都を明るくし、小羊が都のあかり」(二一・二三)であって「そこには夜がないから」(二一・二五)である。都の大通りは、ガラスのように透き通った〝純金〟でできていて(二一・一八〜二一)、その中央を〝水晶〟のようにきらめくいのちの水の川が流れている。この川は神と小羊との御座から流れてきており、川の両側には十二種類の実をつけるいのちの木が繁《しげ》り、毎月豊かな実をつける(二二・一〜二)。そこには「のろわるべきものは、もはや何ひとつない」(二二・三)。

本書を終わるに当たりヨハネは、次のごとく我々に警告する。「もしこれに書き加える者があれば、神はその人に、この書に書かれている災害を加えられる。また、もしこの預言の書の言葉をとり除く者があれば、神はその人の受くべき分を、この書に書かれているいのちの木と聖なる都から、とり除かれる」(二二・一八〜一九)。神の言葉に対して、人間は自分勝手に加減して理解することは許されない。

そして最後にヨハネは、最大の真心を込めて我々に次のように勧める。「かわいている者はここに来るがよい。いのちの水がほしい者は、価なしにそれを受けるがよい」(二二・一七)。「いのちの木にあずかる特権を与えられ、また門をとおって都にはいるために、自分の着物を洗う者たちは、さいわいである」(二二・一四)。

(完)

参考文献

『原理講論』世界基督教統一神霊教会
『天聖経』世界基督教統一神霊教会
『聖書（一九五五年改訳口語訳）』図書日本聖書協会発行
『キリスト教大事典』教文館
『新聖書大辞典』キリスト新聞社
『聖書事典』日本基督教団出版局
『ＡＴＤ旧約聖書註解（シリーズ）』ＡＴＤ・ＮＴＤ聖書註解刊行会
『ＮＴＤ新約聖書註解（シリーズ）』ＡＴＤ・ＮＴＤ聖書註解刊行会
『旧約聖書略解』日本基督教団出版局
『新約聖書略解』日本基督教団出版局
『聖書講座（シリーズ）』日本基督教団出版局

『聖書の時代』　月本昭男・日本基督教団出版局
『聖書の常識　聖書の真実』　山本七平・講談社
『聖書を読むために』　新井　智・筑摩書房
『聖書外典偽典（シリーズ）』　教文館
『現代キリスト教神学入門』　ホーダーン・日本基督教団出版局
『賛美歌（一九五四年版）』　日本基督教団出版局

年 表

■紀元後（AD）

6	反ローマの過激派グループ熱心党（ゼロテ）誕生
26	ポンテオ・ピラト、ユダヤの総督として赴任
26頃	洗礼ヨハネ活動開始
--	（イエスの十字架）
30頃	イエスの十字架
32頃	パウロの回心
47頃	パウロの第1回伝道旅行
49頃	エルサレム使徒会議
50-52頃	パウロの第2回伝道旅行
	「第一テサロニケ書」、「第二テサロニケ書」、「ガラテヤ書」、「Q資料」成立
52-56頃	パウロの第3回伝道旅行
55頃	「第一コリント書」、「第二コリント書」成立
56頃	「ロマ書」成立
	パウロ、エルサレムで捕縛される
58頃	パウロ、ローマに向かって出発
60頃	パウロ、ローマ着
	獄中書簡（エペソ、ピリピ、コロサイ、ピレモン）成立
62頃	パウロの殉教
64	ネロの迫害
	<60年代に「マルコ福音書」成立>
66	第一次ユダヤ戦争勃発
70	エルリレム陥落
	<80年代に「マタイ福音書」「ルカ福音書」「使徒行伝」成立>
100頃	「ヨハネ文書」成立
132	第二次ユダヤ戦争（バル・コクバの乱）勃発
135	エルサレム陥落（ユダヤ民族離散）

年表

626	エレミヤの召命（以後約40年にわたり活動）
622	D資料の発見、ヨシヤによる宗教改革始まる
612	アッシリヤの首都ニネベ陥落、新バビロニアの時代となる
609	ヨシヤ王戦死
	<ゼパニヤ、エレミヤ、ナホム、ハバククの活動期>
605	エジプト軍とバビロニア軍、カルケミシで一大決戦
598	バビロニア軍エルサレム包囲
	ネブカデネザル二世、エルサレムに来襲、第1次バビロン捕囚
593	エゼキエルの召命（捕囚の地で20数年にわたり活動）
----------	（南朝滅亡、バビロン捕囚）
587	ネブカデネザル二世来襲、エルサレム陥落、南朝滅亡、第二次バビロン捕囚
583	第三次バビロン捕囚
539	ペルシャ王クロスがバビロンを占領しペルシャの時代となる
----------	（帰還・神殿再建）
538	ユダヤ人の帰還始まる
	<第二イザヤの活動期（捕囚の地で）>
520	ハガイ、ゼカリヤの召命（パレスチナで）
515	第二神殿建設される
	<ハガイ、ゼカリヤ、第三イザヤの活動期>
450頃	マラキの活動期、P典の成立
	ネヘミヤのエルサレム帰還
445	エルサレムの城壁の修築完了
400頃	ヨエルの活動期
	エズラのエルサレム帰還
323	アレキサンダー大王の死
	ギリシャ世界はプトレマイオス王朝とセレウコス王朝に分裂
167	マカベヤの反乱勃発
164	反乱軍エルサレム奪還
142	ハスモン王朝の成立（シモン王位に就く）
103	ヤンナイオス王位に就く、内乱勃発
63	ローマ、ユダヤ占領（ハスモン王朝崩壊）
37	ヘロデ、ユダヤの王となる
----------	（イエス・キリスト誕生）
7-4	イエス誕生
4	ヘロデの死

年表

■紀元前（BC）

5000頃　メソポタミヤで農耕文明が始まる

　　　　エジプトで統一国家（第一王朝）ができる

4000頃　メソポタミヤで文明が開け始める

2800頃　メソポタミヤでシュメール人が都市国家を建設

--（アブラハム、ウル出発）

2000頃　アモリ人による国家建設（古代バビロニヤ）

　　　　アブラハム、ウルを出発しハランに向かう

1900～1800頃

　　　　アブラハム、カナンに定着

1700頃　セム系のヒクソス族がエジプトに侵略を開始

　　　　ヨセフが先導役となりヤコブ一族がエジプトに移住

1500頃　ヒクソス族、エジプトから追放される

1300頃　イスラエル民族、出エジプト

1200頃　イスラエル民族、カナン侵入

　　　　士師活躍の時代始まる

--（イスラエル王国成立）

1020頃　サウル、イスラエル王国創建

1000頃　ダビデ、ユダ族の王となる

994頃　ダビデ、全イスラエルの王となる

961頃　ダビデの死、ソロモン王となる

--（南北王朝の分立）

922頃　ソロモンの死、イスラエル王国の分裂

850頃　（北朝）エリヤ、エリシャの活動期

　　　　（南朝）J資料の成立

750頃　（北朝）アモス、ホセアの活動期

　　　　（北朝）E資料の成立

742　（南朝）イザヤの召命（以後約40年にわたり活動）

730頃　（南朝）ミカ活動開始（以後約30年にわたり活動）

734　シリヤ・エフライム戦争

733　（北朝）アッシリヤの属国になる

--（北朝滅亡）

721　北朝の首都サマリヤ陥落、北朝滅亡

701　アッシリヤの王セナケリブが南朝に来襲

650頃　ナホムの活動期

640　ヨシヤ、王となる

630頃　ゼパニヤの活動期（ヨシヤの治世、宗教改革前）

聖書の古代世界

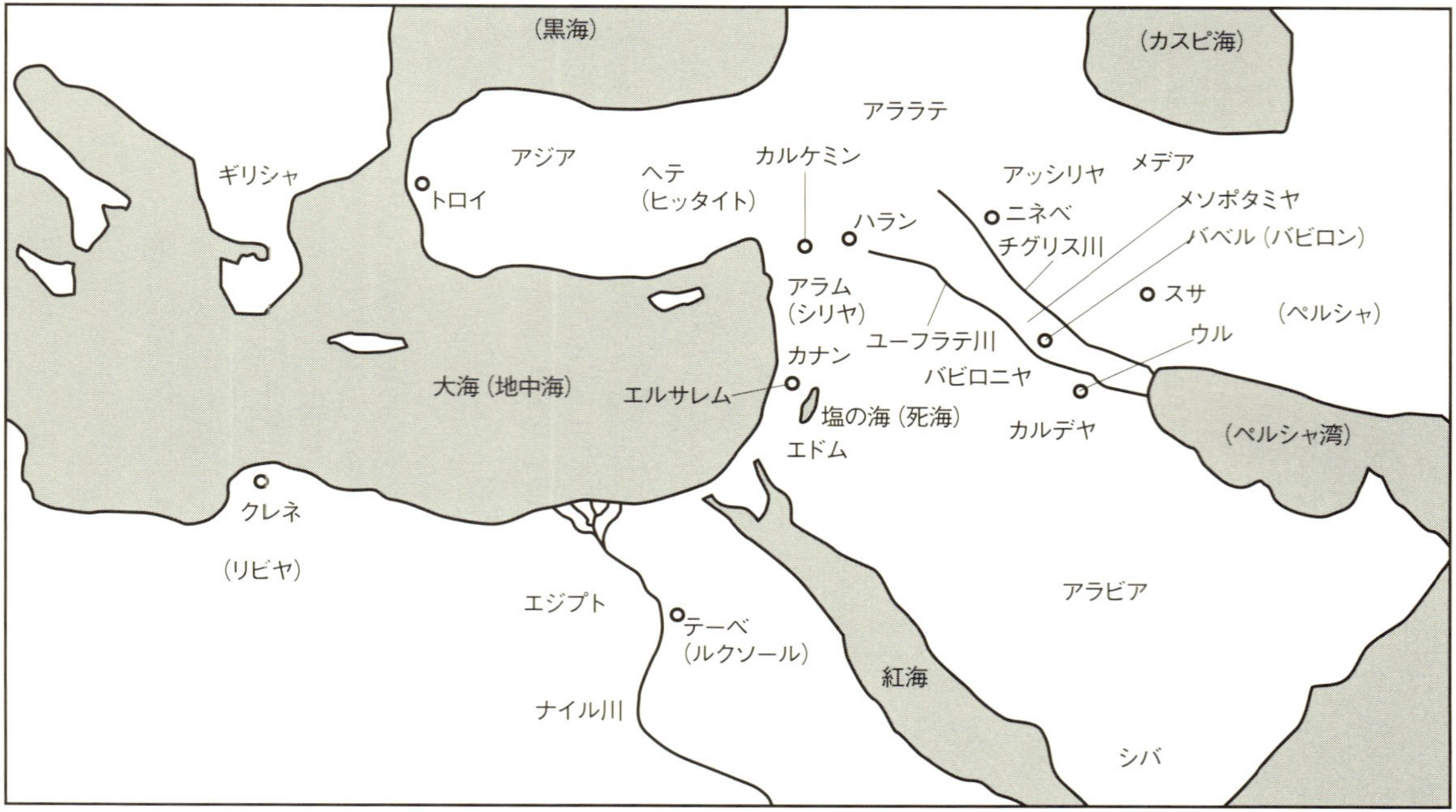

(黒海)
(カスピ海)
アララテ
ギリシャ
アジア
トロイ
ヘテ
(ヒッタイト)
カルケミン
ハラン
アッシリヤ
メデア
ニネベ
メソポタミヤ
チグリス川
バベル(バビロン)
スサ
(ペルシャ)
アラム
(シリヤ)
ユーフラテ川
ウル
カナン
バビロニヤ
大海(地中海)
エルサレム
塩の海(死海)
カルデヤ
(ペルシャ湾)
エドム
クレネ
(リビヤ)
エジプト
アラビア
テーベ
(ルクソール)
紅海
ナイル川
シバ

使徒行伝・パウロ時代

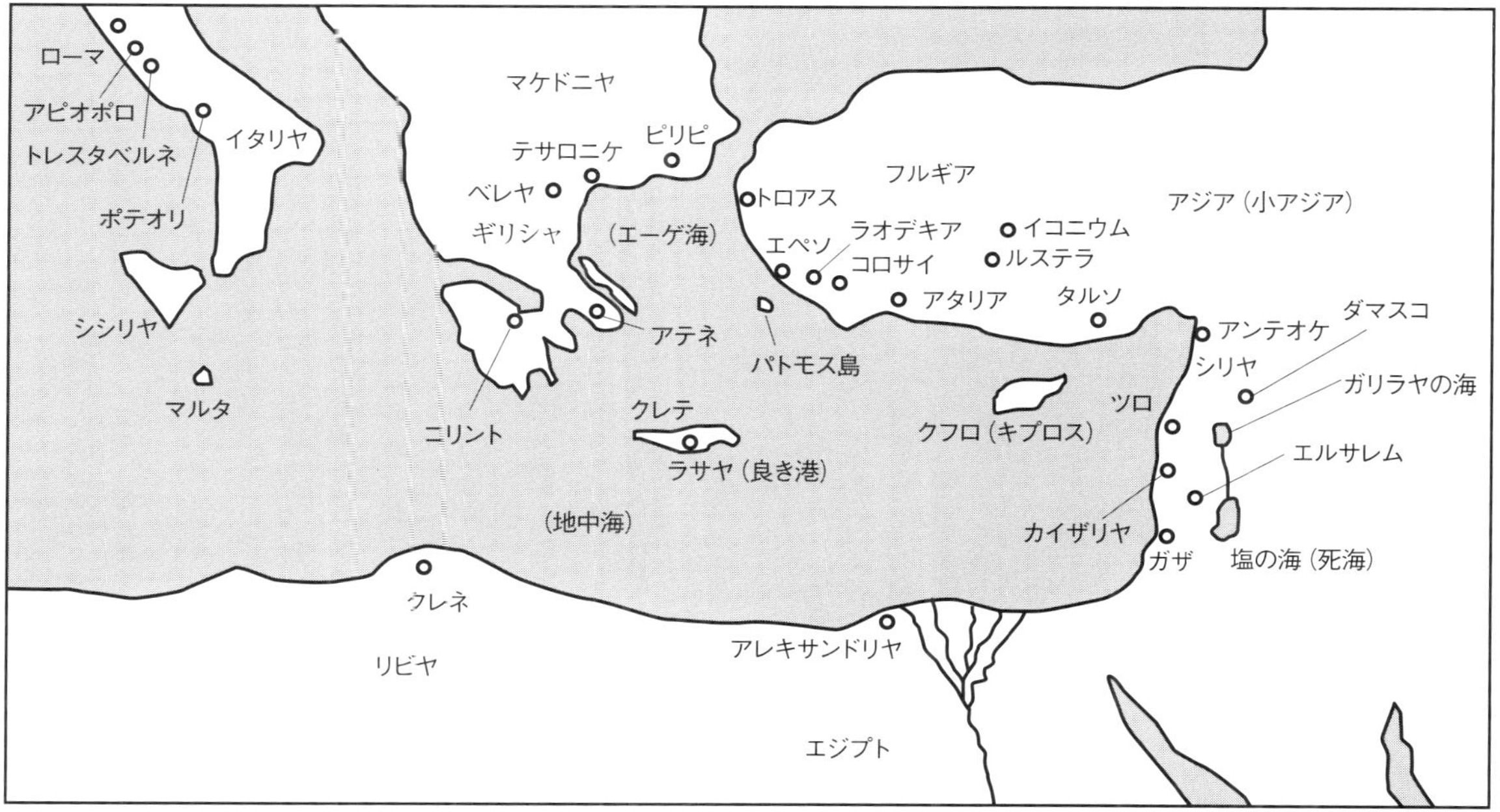

ローマ
アピオポロ
トレスタベルネ
ポテオリ
イタリヤ
シシリヤ
マルタ
マケドニヤ
テサロニケ
ピリピ
ベレヤ
ギリシャ
（エーゲ海）
コリント
アテネ
クレテ
ラサヤ（良き港）
（地中海）
クレネ
リビヤ
フルギア
トロアス
エペソ
ラオデキア
コロサイ
アタリア
パトモス島
イコニウム
ルステラ
タルソ
アジア（小アジア）
アンテオケ
シリヤ
ダマスコ
ガリラヤの海
ツロ
クフロ（キプロス）
エルサレム
カイザリヤ
ガザ
塩の海（死海）
アレキサンドリヤ
エジプト

著者略歴

梅本憲二（うめもと・けんじ）

1944年　大阪府に生まれる。
1961年　日本基督教団浜寺教会に入会、翌年田中理夫牧師（旧約学）より洗礼を受ける。
1963年　世界基督教統一神霊協会に入教、翌年から献身的に歩む。以後、教会長、地区長、修練所講師等を歴任。
1970年　文鮮明師より777双祝福を受ける。
1972～76年　日本和協聖書塾塾生（1976年中村信一牧師より按手礼を受ける）。
1992～94年　マーシーカレッジ（ニューヨーク）に留学。
元・日本統一教会超教派部長。
現在、オイクメネ総合研究所 所長。
著書『日本と世界のやさしいキリスト教史』、『やさしいキリスト教教義学』（光言社）他。

やさしい聖書学　聖書の成り立ちと各書解説

2014年10月10日　初版発行

著　者　梅本憲二
発　行　株式会社　光言社
〒150-0042 東京都渋谷区宇田川町37-18
電話　03（3467）3105
http://www.kogensha.jp/
印　刷　株式会社 ユニバーサル企画

ISBN978-4-87656-181-0